Introducción a la Dieta Cetogénica

Tabla de Contenido

Descargo de Responsabilidad

Introducción

La dieta cetogénica se encuentra entre las más populares hoy en día debido a su simplicidad. La mayoría de la gente sigue esta dieta porque es famosa, o porque han oído hablar de los increíbles beneficios que ofrece.

Las investigaciones demuestran que ayuda a reducir el peso, restablecer el metabolismo, mejorar la salud y aumentar la energía. Este libro proporciona información detallada sobre la dieta cetogénica y sus beneficios. Conocerá los distintos tipos de alimentos que puede y no puede comer cuando sigue la dieta, y aprenderá cómo funciona su cuerpo cuando reduce su consumo de carbohidratos. El libro también habla de la ciencia que hay detrás de la dieta y de cómo afecta a las hormonas y al metabolismo.

Cuando la dieta cetogénica se hizo popular, surgieron muchas preguntas y mitos en torno a ella. Este libro aclarará esos mitos y creencias comunes. A muchas personas les resulta difícil seguir la dieta cetogénica, o cualquier otra dieta, ya que les parece complicado cumplir las reglas. La dieta es bastante sencilla de seguir, pero muchas personas no son capaces de mantenerla porque ceden a sus antojos.

Si se ha pasado recientemente a la dieta cetogénica y le resulta difícil mantenerla, lo primero que debe hacer es consumir los alimentos adecuados. El libro contiene algunos consejos que pueden servirle para facilitar el inicio de la dieta y su mantenimiento. Algunas personas cometen, y ahí es donde este libro les ayudará, ya que la información que se da le asegurará que no cometa errores comunes que puedan desequilibrar la dieta.

Las investigaciones demuestran que a las mujeres les resulta difícil perder peso en comparación con los hombres. Esto puede deberse a múltiples razones. Sin embargo, esto disuade a las mujeres de seguir y atenerse a la mayoría de las dietas porque no ven resultados inmediatamente. Este libro proporciona información sobre por qué la dieta cetogénica es buena para las mujeres, y qué deben hacer para ajustar la dieta a su cuerpo.

Si es nuevo en este tipo de alimentación, puede utilizar el plan de comidas de 15 días que aparece al final del libro. Las comidas del plan son sencillas de hacer. Es importante tener en cuenta que no se puede perder peso sólo siguiendo una dieta, y la dieta cetogénica no es diferente. También es necesario hacer ejercicio con regularidad, dormir bien y reducir los niveles de estrés.

Así que, sin más preámbulos, empecemos a aprender más sobre la dieta ceto.

Gracias una vez más por elegir este libro. Espero que obtenga toda la información sobre la dieta cetogénica y se ponga en marcha.

Primera parte: Qué es la dieta cetogénica, la ciencia detrás de la dieta, los mitos y creencias

Introducción a la dieta cetogénica

La dieta cetogénica puede parecer abrumadora al principio. Sin embargo, cuando la siga, se dará cuenta de que no es tan difícil como la percibía. Cuanto más aprenda sobre esta dieta, más se dará cuenta de que es simple y fácil de seguir. Incluso si tiene un presupuesto ajustado o siente que la dieta ceto tiene demasiadas restricciones, hay diferentes métodos y consejos que puede utilizar para mantenerla simple. Antes de entrar en eso, vamos a aprender primero lo que es una dieta cetogénica.

¿Qué es la dieta cetogénica?

El objetivo principal de la dieta ceto es hacer que su cuerpo entre en estado de cetosis, para que utilice las grasas como principal fuente de energía en lugar de los carbohidratos. Cuando su cuerpo pasa a este estado, le ayuda a perder peso, a prevenir la niebla cerebral y ofrece muchos otros beneficios. Para inducir la cetosis, debe:

- Reducir drásticamente su consumo de carbohidratos, para que su cuerpo recurra a la utilización de las reservas de grasa para producir energía.
- Seguir una dieta baja en carbohidratos sin dejar de proporcionar a su cuerpo la ingesta de macronutrientes necesaria

Puede hacerlo fácilmente siguiendo la dieta ceto. Las necesidades dietéticas de macronutrientes se dividen de la siguiente manera:

- 5% - 10% de carbohidratos
- 55% - 60% de grasas
- 30% - 35% de proteínas

Si consume 2000 calorías al día, su ingesta de carbohidratos debería ascender a sólo 10 - 25 gramos. Cuando usted reduce su consumo de carbohidratos, su cuerpo comienza a quemar las reservas de grasa para producir energía. Aprenderemos más sobre esto más adelante en el libro.

¿Qué son las cetonas?

Cuando se reduce la ingesta de carbohidratos, el cuerpo no tiene suficiente glucosa para producir energía y busca fuentes de energía alternativas. El hígado descompone la grasa para proporcionar energía al cuerpo. Durante este proceso químico, el hígado forma cuerpos cetónicos. Estos cuerpos hacen que el organismo entre en un estado metabólico conocido como cetosis. Este estado metabólico le ayuda a perder peso.

Consejos para mantener la cetosis

En esta sección le dejamos algunos consejos para ayudarle a mantener la cetosis.

Restringir los carbohidratos

Como se ha mencionado en la sección anterior, debe reducir su consumo de carbohidratos a 10 - 25 gramos por día. Como la mayoría de los grupos de alimentos contienen carbohidratos, es mejor elegir los que tienen menor cantidad. Cuando se reduce la ingesta de carbohidratos, el cuerpo entra automáticamente en cetosis para encontrar fuentes de energía alternativas.

Restringir las proteínas

Cuando se limita el consumo de proteínas al 30% de la ingesta diaria de calorías, se puede mantener la cetosis. Si consume demasiadas proteínas, su cuerpo aprende a convertir el macronutriente en glucosa, lo que hace que su cuerpo salga de la cetosis. Por lo tanto, debe aprender a mantener su consumo de proteínas.

Suficientes grasas

Cuando se come grasa saturada y saludable, resulta más fácil controlar el hambre. Si tiene hambre todo el tiempo, aumente las grasas y no su consumo de carbohidratos. De esta manera, puede asegurarse de que su cuerpo no salga de la cetosis.

Evitar el picoteo

No coma cuando no tenga hambre, y esto significa que debe evitar también los tentempiés intempestivos. Comer emocionalmente o comer sólo por diversión porque no puede resistirse a la comida ralentiza el proceso de cetosis, disminuyendo así sus posibilidades de perder peso.

Dormir lo suficiente

A las personas que no duermen les resulta muy difícil entrar en cetosis, lo que hace más difícil que pierdan peso. La falta de sueño puede hacer que la hormona del estrés aumente, lo que a su vez aumenta los niveles de azúcar en la sangre y ralentiza la cetosis. Por lo tanto, asegúrese de dormir lo suficiente si sigue la dieta ceto.

¿La dieta ceto una forma más saludable de vivir?

Debe evitar las dietas que crean una desconexión entre los instintos básicos de su cuerpo sobre la comida. Por ejemplo, las dietas yo-yo. Las personas que siguen dietas de moda oscilan entre estar "a la altura" y luego "salirse de rumbo" con demasiada frecuencia. La alimentación cetogénica, por otro lado, es una forma de vida más que una dieta. Esta no restringe la ingesta de calorías y le permite comer alimentos saludables. Puede comer todo lo que quiera, siempre que sigas el plan. También asegura que su cuerpo nunca esté bajo de nutrición, manteniéndote así con energía, y con un estado de ánimo positivo durante todo el día. Esta es una razón suficiente para adoptar la dieta cetogénica como un patrón dietético regular.

La ciencia detrás de la dieta cetogénica

Metabolismo y dieta cetogénica

El metabolismo es uno de los aspectos más importantes a tener en cuenta cuando se sigue cualquier dieta o programa de pérdida de peso. Cuando se consumen suficientes carbohidratos, hay suficiente glucosa en el cuerpo para producir energía. Dado que su cuerpo no necesita grasa para producir energía, guardará el exceso de grasa como reserva.

Las dietas equilibradas contienen la cantidad adecuada de hidratos de carbono, grasas y proteínas. Cuando hay un déficit de hidratos de carbono, el cuerpo utiliza las reservas de hidratos de carbono para producir energía. Cuando estas reservas se agotan, busca una fuente de energía alternativa. Comienza a dirigirse a las reservas de grasa de su cuerpo para producir energía. Cuando su cuerpo quema ácidos grasos, produce cetonas. Estas cetonas no son ni grasa ni carbohidratos, sino un compuesto que su organismo utiliza como combustible. Cuando se crea un déficit de carbohidratos, el cuerpo entra en cetosis y utiliza las reservas de grasa para producir energía.

Durante la cetosis, el cuerpo libera cetonas en el torrente sanguíneo. Esto reduce la producción de glucosa en su cuerpo, aumentando así el uso de la glucosa ya presente. Su cuerpo comienza a utilizar cualquier exceso de grasa para proporcionarle la energía que necesita.

Las hormonas y la dieta cetogénica

Las hormonas mantienen el funcionamiento de su cuerpo, y los alimentos que come tienen un impacto significativo en su cuerpo. El organismo libera determinadas hormonas en función de los alimentos que consume.

Como se ha mencionado anteriormente, su cuerpo necesita adaptarse a los cambios cuando sigue la dieta cetogénica. Al reducir drásticamente la ingesta de carbohidratos, los niveles de insulina y glucagón en su cuerpo disminuyen. La insulina es una hormona que ayuda a trasladar los nutrientes a su torrente sanguíneo y a almacenarlos. También controla los niveles de azúcar en sangre. La insulina almacena la glucosa liberada durante la digestión en forma de glucógeno. La hormona glucagón ayuda a descomponer el glucógeno para proporcionar a su cuerpo con las cantidades adecuadas de glucosa. Esto ayuda a reducir el nivel de azúcar en la sangre.

Cuando deja de consumir una gran cantidad de carbohidratos, los niveles de insulina disminuyen en su cuerpo mientras que los niveles de glucagón aumentan. Esto asegura que su cuerpo queme las células de grasa para producir suficiente energía que le ayude a mantenerse durante todo el día. El hígado quema el exceso de grasa en su cuerpo, y esta reacción química produce cetonas. Cuando las cetonas pasan al torrente sanguíneo, el cuerpo entra en cetosis. Este estado metabólico afecta a muchas hormonas y puede causar cierta fluctuación en la producción de cortisol, estrógeno e insulina.

El ejercicio y la dieta cetogénica

A la mayoría de las personas no les gusta hacer ejercicio, pero quieren perder peso rápidamente. Prueban muchas dietas de moda para perder peso, pero una de las mejores maneras es haciendo ejercicio. Cuando se sigue la dieta cetogénica, el mejor momento para hacer ejercicio es por la mañana, antes del desayuno, ya que le da a su cuerpo el tiempo suficiente para quemar los alimentos que comió la noche anterior, y por lo que recurrirá a las reservas de grasa para producir energía. Algunas personas optan por hacer ejercicio por la tarde o por la noche, y eso también está bien.

Tiene que asegurarse de que hace ejercicio con regularidad y de que realiza al menos dos o tres entrenamientos de alta intensidad cada semana. Cuando ejercita sus músculos todos los días, se asegura de que su cuerpo tenga menos calorías para quemar. Sólo por esta razón la mayoría de los atletas comen más proteínas y menos carbohidratos. Los atletas tratan de ponga en marcha el proceso de cetosis para fortalecer su cuerpo. Este estado metabólico ayuda a aumentar la masa muscular magra del cuerpo.

Mitos y creencias

Desde que la dieta ganó popularidad, hay muchos mitos y conceptos erróneos en torno a ella. Este capítulo desmiente algunos mitos de la dieta.

Su cuerpo entra en estado de cetoacidosis

Como se ha mencionado anteriormente, la cetosis quema el exceso de grasa en el cuerpo. Cuando sigue la dieta cetogénica, su cuerpo entra en cetosis donde utiliza la grasa para producir energía. Durante el proceso, rompe las moléculas de grasa para producir energía, y el subproducto de esta reacción son los cuerpos cetónicos. Este proceso es diferente de la cetoacidosis diabética, que es una complicación de la diabetes. Esta complicación se produce cuando el cuerpo no produce suficiente insulina, pero los niveles de cetonas aumentan.

Puede cambiar entre una dieta cetogénica y una normal

La realidad es que usted ganará el peso que perdió si cambia entre la dieta cetogénica y una dieta normal. La mayoría de las personas no entienden la dieta cetogénica, y se lanzan a ella sin aprender más sobre su funcionamiento. Tienden a seguir la dieta durante un par de días, y luego volver a comer la cantidad habitual de carbohidratos al día siguiente. No producirá cetonas ni obtendrá los beneficios de esta dieta si sigue comportándote así.

Todo el mundo necesita el mismo número de carbohidratos

La ingesta de carbohidratos depende de su salud personal. Cuando sigue una dieta baja en carbohidratos, no se da cuenta de lo baja en carbohidratos que es en realidad. La mayoría de las personas que siguen la dieta cetogénica restringen su consumo de carbohidratos a 20-25 gramos cada día. Intentan minimizar su consumo de este tipo de alimentos, para que su cuerpo entre en cetosis fácilmente. Puede consumir más carbohidratos en función de lo activo que sea y de la fase de cetosis en la que se encuentre. Consulte a un dietista o nutricionista para calcular sus necesidades.

Puede comer toda la mantequilla y el tocino que quiera

Cuando se sigue la dieta cetogénica, hay que aumentar la ingesta de grasas, pero esto no significa que se aumente la ingesta de grasas saturadas. No se coma un plato de tocino por la mañana para desayunar. La forma más saludable de aumentar su ingesta de grasas es limitar el consumo de grasas saturadas, como las salchichas y el tocino y en su lugar, aumente el consumo de aceite de oliva, aceite de aguacate, semillas de lino, frutos secos y otras grasas buenas. En el siguiente capítulo veremos los diferentes alimentos que puede y no puede comer.

Evite todas las frutas y verduras, ya que tienen un alto contenido de carbohidratos

Uno de los principales efectos secundarios de la dieta cetogénica es el estreñimiento, y para evitar este efecto secundario es necesario aumentar el consumo de fibra. La fruta y la verdura son buenas fuentes de hidratos de carbono, pero esto no significa que deje de comerlas todas. Los alimentos integrales y sin procesar son buenas fuentes de vitaminas, minerales, fibra y antioxidantes. Consuma verduras sin almidón como la coliflor, el calabacín, el brócoli, el pepino y los pimientos. También puede consumir frutas bajas en carbohidratos, como arándanos, frambuesas, melones y fresas. En el siguiente capítulo se enumeran los diferentes alimentos que puede y no puede consumir cuando sigue la dieta ceto. Consulte siempre esta lista antes de preparar una comida.

Debe consumir más proteínas

La dieta cetogénica es una dieta baja en carbohidratos, pero es muy diferente de otras dietas bajas en carbohidratos, como la dieta Atkins. Puede consumir un plato de salmón ahumado y huevos para desayunar y comer filete para cena, pero debe consumir proteínas con moderación. Como se ha mencionado anteriormente, cuando consume un exceso de proteínas, su cuerpo las convierte en glucosa aumentando así los niveles de azúcar en sangre que sacarán a su cuerpo de la cetosis. El número de cuerpos cetónicos en la sangre también aumenta cuando el cuerpo quema más aminoácidos. Esto conduce a la cetoacidosis, que puede dañar sus huesos. Si no sabe cuántas proteínas necesita consumir, hable con su dietista o nutricionista al respecto. Identifique lo que funciona para su cuerpo.

Esta dieta es la mejor manera de perder peso

La dieta ceto no es una solución única. No funciona para todo el mundo, como cualquier otra dieta. Un amigo suyo puede haber perdido mucho peso cuando siguió la dieta cetogénica, pero esto no significa que la dieta funcionará de la misma manera para usted. Tiene que asegurarse de hacer el ejercicio adecuado y mantener un estilo de vida activo junto con la dieta para obtener los mejores resultados.

Ceto no es una solución de pérdida de peso a largo plazo

Los estudios demuestran que la dieta cetogénica es ideal para controlar el peso a largo plazo. Las investigaciones también demuestran que las personas que siguen la dieta cetogénica perdieron más peso en comparación con las personas que siguieron una dieta baja en grasas.

La dieta ceto provoca falta de sueño

Este mito no tiene fundamento, ya que las personas que consumen dietas bajas en carbohidratos duermen mejor. Las investigaciones demuestran que las personas que siguen la dieta cetogénica duermen mejor que las que siguen otras dietas bajas en grasas.

La dieta ceto conduce al acné

Las investigaciones demuestran que los carbohidratos causan acné, y que las dietas bajas en carbohidratos y glucémicas reducen los brotes.

Alimentos que hay que comer y evitar

En este capítulo, veremos qué alimentos debe consumir y cuáles debe mantener a raya mientras sigue la dieta cetogénica.

Alimentos para comer

Verduras crucíferas

Las verduras crucíferas son ricas en fibra, antioxidantes, vitaminas y minerales, pero son bajas en carbohidratos. También son ricas en vitaminas A y K y en sulforafano. Su cuerpo produce este último cuando mastica o tritura las verduras crucíferas. Cuando su cuerpo digiere este compuesto, activa un escudo protector alrededor de las células para evitar la oxidación. Este escudo disminuye el riesgo de cáncer y enfermedades cardíacas y mejora la función cognitiva. Si quiere permanecer en cetosis, evite el consumo de verduras con almidón y aumente el de éstas.

Lácteos con alto contenido en grasa

Los lácteos con alto contenido en grasa contienen proteínas de alta calidad, ácido linoleico conjugado, vitaminas y minerales. Su cuerpo necesita la combinación de estos nutrientes para mejorar y mantener las funciones y la fuerza del cuerpo a medida que se envejece. Un estudio realizado para conocer el efecto de los lácteos con alto contenido en grasa en las personas que envejecen concluyó que el consumo de entre siete y diez onzas de queso ricotta aumentaba la fuerza y la masa muscular en los participantes de más edad. Esto significa que no es necesario reducir el consumo de nata, mantequilla y queso. Dado que los lácteos ricos en grasa contienen menos hidratos de carbono, incluya una cantidad razonable de cualquier producto lácteo en cada comida.

Aguacate

Aumente la ingesta de aguacates cuando siga la dieta cetogénica, especialmente si ha comenzado la dieta recientemente. Esta fruta es rica en varios minerales y vitaminas, como el potasio. Cuando aumenta su consumo de potasio, puede reducir los síntomas de la ceto-gripe. Estos síntomas incluyen dolores de cabeza constantes, fatiga y sensación de fiebre. Los aguacates también son conocidos por mejorar los niveles de triglicéridos y colesterol, y puede utilizar el aceite de aguacate en su lugar si no le gusta la fruta. El aceite de aguacate contiene grasa monosaturada, que ayuda a mejorar los niveles de colesterol en el cuerpo.

Bayas

La mayoría de las frutas son ricas en hidratos de carbono y azúcar, por lo que no pueden consumirse en la dieta cetogénica. Sin embargo, las bayas y algunas otras frutas son una excepción. Puede elegir entre diferentes tipos de bayas, como las fresas, los arándanos y las moras, y cada tipo contiene diferentes formas de antocianinas. Estos compuestos dan a las bayas su color y tienen efectos antinflamatorios en el organismo. Las investigaciones demuestran que los arándanos silvestres previenen la inflamación del cerebro y mejoran la memoria a medida que se envejece. Dicho esto, debe consumir cantidades moderadas de bayas para mantener su consumo de carbohidratos y azúcares.

Aceite de oliva y aceitunas

Las aceitunas y el aceite de oliva virgen contienen muchos compuestos beneficiosos para la salud y el oleocantal, un compuesto fenólico. Las investigaciones demuestran que tanto las aceitunas como el aceite de oliva tienen propiedades antinflamatorias similares a las del ibuprofeno. Eso sí, hay que consumir sólo la cantidad necesaria de aceite de oliva para asegurarse de no consumir más de la cantidad necesaria de grasa.

Aceite de coco

Se sabe que el aceite de coco ayuda al cuerpo a entrar fácilmente en el estado de cetosis. Es por esta razón que algunas personas beben una taza de café cada mañana con aceite de coco, también conocido como café bala. El aceite de coco es rico en triglicéridos de cadena media (MCT), y su cuerpo puede absorber esta grasa fácilmente, y trasladarla al hígado. El cuerpo almacena la grasa o la quema dependiendo de la ingesta de carbohidratos. El aceite de coco tiene cuatro formas de MCT, pero la mayor parte de la grasa del aceite de coco se encuentra en forma de ácido láurico. Los estudios demuestran que las fuentes de grasa con una mayor concentración de ácido láurico le aseguran permanecer en cetosis durante más tiempo que otras formas de MCT. También se pueden utilizar los MCT para inducir el estado de cetosis en niños con epilepsia sin reducir su consumo de carbohidratos. Cuando añada aceite de coco a su dieta, añádalo lentamente para minimizar cualquier efecto secundario como diarrea y calambres estomacales. Empieza con media cucharadita al día y ve subiendo poco a poco hasta dos cucharaditas en el transcurso de una semana.

Carne, marisco y aves de corral

Las aves de corral, el marisco y la carne son grupos de alimentos ricos en proteínas. Estos alimentos también contienen vitaminas y minerales esenciales, como la vitamina B12, que es un nutriente esencial ya que es una altamente absorbible forma de creatina, hierro, carnosina, DHA y taurina. Las aves de corral y la carne fresca están repletas de otras vitaminas y minerales. Consuma siempre carne 100% alimentada con hierba y aves de corral criadas en pastos para asegurarse de obtener los niveles necesarios de nutrientes. Estos productos contienen más antioxidantes que los productos cárnicos alimentados con cereales. Lo mismo puede decirse del marisco, pero es importante entender el número de carbohidratos presentes en los diferentes tipos de pescado. La mayoría de las personas que siguen la dieta cetogénica suelen comer más proteínas, ya que les gusta la carne y el marisco. Es importante repartir la cantidad de proteínas consumidas entre las diferentes comidas para mantener los niveles de cetonas.

Huevos

Los huevos están considerados como uno de los alimentos más versátiles y saludables. Muchos expertos sugieren que son un tipo de "superalimento". Los trece minerales y vitaminas esenciales, y los antioxidantes que protegen los ojos, como la zeaxantina y la luteína, se encuentran en los huevos. La yema es también la mejor fuente de colina, que es un donante de metilo y un nutriente esencial que interviene en múltiples procesos fisiológicos.

Las yemas de huevo contienen altos niveles de colesterol, sin embargo, los niveles de colesterol en el cuerpo no fluctúan cuando se come huevos. Las investigaciones demuestran que estos pueden modificar la forma del colesterol LDL para reducir el riesgo de cualquier enfermedad cardíaca. El consumo de huevos mantiene estables los niveles de azúcar en sangre y también sacia tu hambre. Esto te ayuda a disminuir su consumo de calorías automáticamente, lo que demuestra que los huevos pueden ayudarte a perder peso fácilmente. Un huevo grande sólo contiene un gramo de carbohidratos y cerca de 6 gramos de proteína, lo que hace que este plato sea el alimento perfecto para la salud ceto.

Chocolate negro

El chocolate negro, a diferencia de otras formas de chocolate, es bueno para la salud y contiene flavonol, que reduce el riesgo de enfermedades cardíacas, la resistencia a la insulina y la presión arterial. El cacao, también conocido como superfruta, contiene el mismo número de antioxidantes que cualquier otra fruta apta para la ceto. Sin embargo, no se puede comer tanto chocolate negro cuando se sigue la dieta cetogénica. El chocolate negro también es rico en carbohidratos, y cuando consume demasiado chocolate, su cuerpo sale automáticamente de la cetosis. Cuando compre cualquier producto de cacao o chocolate, lea la etiqueta y asegúrese de que no hay azúcares añadidos. Fíjate también en el número de carbohidratos por ración del chocolate.

Alimentos que hay que evitar

Almidones y cereales

La mayoría de la gente come pan de alguna forma todos los días. Es conveniente ir corriendo a la tienda de comestibles y comprar un sándwich. El pan es un grupo de alimentos que acompaña a todas las comidas, y la gente evita la dieta cetogénica cuando se le pide que renuncie al pan. Los cereales causan muchos problemas al cuerpo. Recientemente, la gente ha comenzado a cambiar a los alimentos sin gluten. Cuando elimina los granos de su dieta, elimina toneladas de carbohidratos. Usted no necesita preocuparse ya que las personas que siguen la dieta ceto son innovadoras y si quieren comer pan, van a encontrar alguna manera de hacerlo. Lo mismo puede decirse del arroz. Si quiere comer levadura, prepárese un poco de arroz de coliflor.

Alcohol

Evite el alcohol independientemente del tipo de dieta que siga. Dado que tiene que vigilar su consumo de carbohidratos cuando sigue la dieta cetogénica, evite el consumo de bebidas ricas en carbohidratos, incluyendo:

- Licores
- Sidras

- Cerveza

Puede beber lo siguiente con moderación:

- Gin
- Whisky
- Escocés
- Tequila
- Vodka
- Ron
- Brandy
- Coñac

Si se encuentra en una situación en la que tiene que beber alcohol, intente salir de ella.

Azúcar

La mayoría de las personas disfrutan de la fruta y los dulces y los comen como tentempié. Al seguir la dieta cetogénica, es posible que tenga que renunciar a algunas frutas, ya que son ricas en carbohidratos y azúcar. Esto aumenta su consumo de carbohidratos y hace que su cuerpo salga de la cetosis. Por lo tanto, debe controlar su consumo de fruta y caramelos si quiere mantenerse en cetosis. Esto no significa que no pueda comer ningún tipo de dulce, sino que puede atiborrarse de bombas de grasa. Sin embargo, tenga cuidado con el número de bombas de grasa que come. Debe evitar lo siguiente si sigue la dieta cetogénica:

- Helados
- Zumos de frutas
- Pastelería
- Galletas
- Sodas

Si le gusta la fruta, coge un bol de bayas cuando tengas antojo de dulces, pero vigile su consumo.

Beneficios de la dieta cetogénica

Hay mucha negatividad que rodea a la dieta cetogénica, y hay muchos conceptos erróneos sobre la dieta. Este capítulo arroja algo de luz sobre los beneficios. También veremos algunos efectos secundarios de esta dieta. Lo mejor es conocer tanto los beneficios como los efectos secundarios, para saber en qué se está metiendo.

Reducción del apetito

A la mayoría de las personas les resulta difícil seguir la dieta porque comen cuando se aburren y suelen tener hambre porque evitan consumir demasiados alimentos. La ventaja con la dieta cetogénica es que usted se mantiene con energía durante todo el día ya que su cuerpo quemará ácidos grasos para producir energía. Esto reducirá su apetito drásticamente. Numerosos estudios demuestran que las personas que siguen una dieta baja en carbohidratos tienden a consumir menos calorías.

Pérdida de grasa abdominal

La gente cree que puede perder grasa sólo a través del ejercicio, y trabajan en ejercicios que se dirigen a músculos específicos del cuerpo. Lo que suelen olvidar es que las diferentes grasas almacenadas en el cuerpo no son la misma. Hay dos tipos de grasa en el cuerpo: la grasa visceral y la grasa subcutánea. La grasa visceral se encuentra en la región abdominal, y esta grasa es peligrosa ya que se mantendrá contra los diferentes órganos. Cuando usted sigue la dieta cetogénica, su cuerpo se dirigirá a las reservas de grasa para producir energía, y primero se dirigirá a la grasa visceral. Cuando se pierde la grasa en el abdomen, se puede reducir el riesgo de enfermedades del corazón y la diabetes tipo II.

Pérdida de peso

Cuando se hace una dieta, la gente a menudo se olvida de tener en cuenta los carbohidratos que ingiere en cada comida. La dieta cetogénica es una dieta baja en carbohidratos, que ayuda en el proceso de pérdida de peso. Cuando se comen menos carbohidratos, el cuerpo se deshace del exceso de agua que almacena, reduciendo así los niveles de insulina en el organismo, lo que repercute directamente en los niveles de sodio en el cuerpo e induce la pérdida de peso. Las investigaciones han confirmado que una dieta baja en carbohidratos ayudará a una persona a perder peso más rápidamente que muchas otras dietas.

Reducir la presión arterial

Las personas que tienen la presión arterial alta corren un mayor riesgo de desarrollar enfermedades del corazón. La hipertensión también puede provocar enfermedades renales, daño o insuficiencia, lo cual es peligroso para el organismo. Cuando se sigue una dieta baja en carbohidratos, la presión arterial se reduce, disminuyendo así el riesgo de desarrollar enfermedades del corazón.

Reducir los niveles de azúcar en sangre

Cuando se reduce el consumo de carbohidratos, los niveles de glucosa en sangre disminuyen. Esto ayuda a disminuir el riesgo de desarrollar diabetes de tipo II. Si tiene diabetes de tipo II, debe seguir la dieta cetogénica para controlar y mantener los niveles de insulina en su cuerpo.

El cuerpo descompone los carbohidratos en azúcares más pequeños en el tracto digestivo. Estos azúcares entran en el torrente sanguíneo y aumentan los niveles de azúcar en sangre. Su cuerpo producirá entonces insulina, que trasladará la glucosa del torrente sanguíneo a diferentes partes del cuerpo. La insulina indicará a las células que necesitan almacenar la glucosa en ellas o quemarla para producir energía. Cuando las personas están sanas, la insulina en su cuerpo ayuda a reducir el nivel de azúcar en la sangre, lo que ayudará a protegernos de cualquier daño. Algunas personas desarrollan resistencia a la insulina, lo que dificulta que el cuerpo traslade el azúcar del torrente sanguíneo a las células. Esto conduce a la diabetes de tipo II.

Cuando se reduce el consumo de carbohidratos, los niveles de azúcar en sangre no fluctúan. Esto ayuda a reducir el riesgo de desarrollar diabetes de tipo II.

Reducir los síntomas del síndrome metabólico

La mayoría de las personas tienden a tener el síndrome metabólico y no se dan cuenta de ello. Si tiene alguno de los síntomas mencionados a continuación, lo mejor es que cambie a una dieta baja en carbohidratos.

- Niveles elevados de azúcar en sangre
- Niveles bajos de HDL
- Exceso de grasa visceral
- Hipertensión o presión arterial alta
- Niveles altos de triglicéridos

La dieta cetogénica ayuda a reducir los síntomas mencionados, reduciendo así el riesgo de enfermedades cardíacas y diabetes.

Hay ciertas organizaciones que han declarado que las dietas bajas en grasas son mejores en comparación con las dietas bajas en carbohidratos, ya que atienden a cualquier problema metabólico que pueda tener. La investigación realizada sobre la dieta dice lo contrario.

Efectos secundarios

Como cualquier otra dieta, la dieta cetogénica también tiene efectos significativos en su cuerpo. Dicho esto, esta dieta es más segura en comparación con otras. Debe considerar los efectos de esta dieta en su cuerpo si decide seguirla y encontrar una manera de minimizar los síntomas. Sobre la base de los efectos secundarios mencionados a continuación, puede tomar una decisión informada antes de comenzar esta dieta.

Efectos secundarios a corto plazo

Existen numerosos efectos secundarios a corto plazo, evidentes a simple vista, cuando se inicia la dieta. Uno de los efectos más comunes es la hipoglucemia. Los síntomas de este efecto secundario son:

1. Fatiga
2. Orinar constantemente
3. Ansiedad, irritabilidad y confusión
4. Sed excesiva
5. Hambre
6. Sudoración
7. Temblor
8. Escalofríos
9. Taquicardia

Algunas personas también experimentan acidosis de bajo grado y estreñimiento. Los síntomas se reducen con el tiempo si se continúa con la dieta, ya que el cuerpo comienza a adaptarse a estos cambios y tratará de identificar nuevas formas de obtener energía.

Alteración de la composición de la sangre

Debido a los cambios en la dieta, su cuerpo también realiza algunos cambios para adaptarse a la reducción del consumo de carbohidratos.

Como se mencionó anteriormente, la dieta cetogénica ayuda a reducir los niveles de azúcar en la sangre, ya que se disminuye el consumo de carbohidratos.

Las investigaciones demuestran que las personas que siguen esta dieta tienen niveles de lípidos y colesterol (que es el colesterol bueno) más altos de lo que se considera normal. Más del 60% de las personas que seguían esta dieta tenían niveles elevados de lípidos y el 30% tenían niveles elevados de colesterol.

Si estos cambios son profundos, pueden afectarle. Compruebe con frecuencia sus niveles de colesterol y su composición sanguínea para asegurarse de que está comiendo bien. Por ejemplo, podría sustituir las grasas saturadas de su alimentación por grasas polinsaturadas.

Efectos a largo plazo

Cuando se sigue esta dieta durante un período más largo, hay ciertos efectos adversos que se hacen más evidentes. Estos efectos tienen un impacto significativo en su salud física, mental y emocional.

Los cálculos renales son una complicación común que puede darse en niños y adultos. Cerca del 5% de las personas que siguen la dieta sufren esta complicación. Se trata de una complicación que se puede tratar fácilmente mientras se sigue la dieta. Los cálculos renales se forman cuando la acidosis del cuerpo tiende a desmineralizar los huesos. El bajo pH de la orina conduce a la formación de ciertos cristales en su cuerpo, que forman cálculos renales.

Hay pruebas de que el uso de citrato de potasio como suplemento ayuda a reducir la formación de cálculos renales, ya que ayuda a reducir el nivel de calcio en el torrente sanguíneo. Dicho esto, es necesario seguir investigando para saber más sobre esto.

Los niños que siguen esta dieta para tratar la epilepsia suelen tener un retraso en el crecimiento, ya que la dieta reduce la producción de insulina, que es uno de los factores de crecimiento.

Existe un mayor riesgo de fractura de huesos. Esto se debe a la alteración de los niveles de producción de la insulina como factor de crecimiento 1 y a la acidosis. La acidosis conduce al debilitamiento de los huesos. Los huesos también pueden volverse frágiles, lo que los hace sensibles.

Siempre es bueno tomar un suplemento de vitaminas (calcio, vitamina D y multivitaminas) para evitar estos efectos secundarios.

Efectos secundarios en adultos

Los adultos se enfrentan a ciertas complicaciones como:

1. Pérdida de peso
2. Estreñimiento
3. Aumento de los niveles de colesterol
4. Aumento de los niveles de triglicéridos

Las mujeres también pueden desarrollar síntomas de amenorrea y pueden tener ciertas interrupciones en el ciclo menstrual. Más adelante veremos cómo las mujeres pueden seguir la dieta cetogénica a pesar de estos efectos secundarios.

Segunda parte: Cómo adoptar la mentalidad cetogénica

Cómo iniciarse en la dieta cetogénica

Ahora que tiene una idea justa sobre esta dieta y sus méritos, vamos a empezar. En este capítulo, he recopilado varios consejos, que le ayudarán a empezar con esta dieta y seguirla. Aunque esta dieta es más fácil de seguir, es posible que al principio tenga dificultades para cambiar sus hábitos alimenticios. La paciencia y la perseverancia tendrán que ser sus mejores amigos, cuando se trata de implementar cualquier cambio en sus hábitos alimenticios. Por lo tanto, le sugiero que siga estos consejos y sea paciente consigo mismo, a medida que vaya implementando esta dieta.

Compre en grandes cantidades

Cuando se empieza una nueva dieta, obviamente habrá oposiciones al cambio. Tendrá la tentación de comer las cosas que le gustan, independientemente de si están dentro del ámbito de esta dieta o no. Los días iniciales son extremadamente difíciles y habrá que tratarlos con cuidado. Si se desvía en la primera semana, las posibilidades de que vuelva a esta dieta son muy escasas. Incluso si vuelve, puede que no tenga la determinación de seguir hasta el final. Por lo tanto, es importante que se mantenga concentrado durante la primeros días. Una vez superada esta etapa, le resultará más fácil seguir esta dieta durante el resto de su vida.

Una sugerencia para ayudarle a mantener el rumbo es comprar todos los artículos de la tienda de comestibles en cantidades a granel. La compra de alimentos a granel tiene tres ventajas fundamentales.

Ahorro de dinero

Cuando compra sus alimentos a granel, ahorra mucho dinero. Todos sabemos que los precios de los paquetes grandes son siempre más baratos que los de tamaño medio. De este modo, como parte de la gestión, también se ahorra algo de dinero. Piense en esto como en una compra de Costco.

Ahorro de tiempo

Normalmente, usted va al supermercado al menos una vez a la semana para comprar sus productos de alimentación. Al comprar a granel, se reduce el número de viajes a la tienda de comestibles. Todos sabemos que ir al supermercado requiere mucho tiempo. Puede ahorrar mucho tiempo reduciendo el número de viajes a la tienda.

Una gran fuente de motivación

Cuando abastece su despensa con todos los alimentos esenciales en cantidades a granel, las posibilidades de que se desvíe de su dieta son bastante escasas. No querrá desperdiciar tantos artículos y desviarse de la dieta. Aunque se ahorra un poco de dinero comprando a granel, definitivamente no se quiere desperdiciar el dinero gastado en los comestibles. Si tiene hambre, utilice sólo los ingredientes de su cocina para preparar una comida. De este modo, no tener suficientes alimentos ya no es una excusa para desviarse de la dieta y comer fuera. Por lo tanto, tener una despensa bien surtida puede ser un gran factor de motivación, cuando usted está tratando de seguir esta dieta.

Mantenga su cuerpo hidratado

Cuando se introducen cambios en los hábitos alimentarios, es importante tomar las precauciones necesarias. Una de ellas es mantener el cuerpo hidratado en todo momento. Consumir suficientes líquidos a lo largo del día le ayudará a mantener sus niveles de energía. También ayudará en el proceso de digestión. Otra ventaja de beber mucha agua es que ayuda al metabolismo de las grasas. Por lo tanto, usted está acelerando la pérdida de peso al mantener su cuerpo suficientemente hidratado. Asegúrese de beber al menos de 6 a 8 vasos de agua cada día. También puede optar por otros zumos, siempre que no estén cargados de azúcar.

Estas son sólo reglas básicas ilustrativas para su sistema de recompensas. Como he mencionado antes, es importante que dedique algún tiempo a diseñar cuidadosamente su sistema de recompensas, ya que le ayudará a ponga en práctica la dieta de manera eficaz. De hecho, el tiempo que dedique a diseñar su sistema de recompensas le ahorrará el tiempo que acabaría buscando algún tipo de motivación para seguir la dieta. Si se desvía, le llevará aún más tiempo volver al rumbo.

Controle el contenido de proteínas

Es muy importante que recuerde que esta no es una dieta alta en proteínas. Esta es una dieta alta en grasas y se requiere que usted coma sólo las proteínas necesarias. Tenga esto en cuenta cuando compre sus alimentos, coma fuera o prepare sus comidas. Asegúrese de que el contenido de proteínas en sus comidas no es demasiado alto. Si es realmente alto, acabará por no perder peso. Cuando come demasiadas proteínas, su cuerpo empieza a segregar insulina automáticamente. El ritmo con el que su cuerpo quema la grasa depositada también se ve afectado y necesitará mucho tiempo para perder peso. Cuando sigue cualquier dieta y no puede ver ningún resultado inmediato, definitivamente se desanimará de seguirlo o continuarlo. Por lo tanto, es crucial que no incluya proteínas en sus comidas en cantidades elevadas.

Comer hortalizas de raíz en cantidades mínimas

Aunque no hay muchas restricciones en el consumo de verduras y frutas, hay que vigilar la ingesta de tubérculos. Esto se debe a que los tubérculos están cargados de azúcar y carbohidratos. Dado que la intención de esta dieta es comer carbohidratos en cantidades mínimas, debe vigilar estas verduras. Aunque las he incluido en la lista de alimentos, asegúrese de comprarlas sólo en pequeñas cantidades. Otra cosa sobre las hortalizas de raíz es que la mayoría de ellas contienen almidón, lo que es simplemente más carbohidratos. Por lo tanto, tenga en cuenta la inclusión de las hortalizas de raíz, como parte de su dieta.

Encuentre su grupo de apoyo

Como ya he mencionado, los primeros días de la dieta son extremadamente difíciles. Se sentirá tentado a desviarse a la primera oportunidad que tenga. Si está seguro de que no tiene una fuerte determinación, no hay nada malo en respaldarse en otros para que le ayuden en este viaje. Es importante que identifique su propio grupo de apoyo de amigos y familiares, incluso antes de comenzar esta dieta. Un grupo de apoyo es una de las mejores maneras de seguir la dieta, ya que todos ustedes pueden motivarse mutuamente. Cuando tiene un grupo de apoyo, ya no te preocupas por hacer lo que la gente a su alrededor está haciendo. También se sentirás más seguro de seguir la dieta, ya que hay personas que comprueban sus progresos.

Únase a grupos sociales

Ya he insistido en la importancia de tener un sistema de apoyo propio, antes de empezar cualquier dieta. Es importante que tenga el apoyo de tu familia y amigos. Es igualmente importante que se relacione con otras personas que sigan la misma dieta. Esto se debe a que, cuando empieza una dieta, su cuerpo obviamente se opondrá a ella.

Es posible que tenga algunas reacciones a una determinada dieta, o que tenga montones de preguntas sobre la aplicación de una determinada disciplina. Por supuesto, siempre puede buscarla en Internet. Es diferente a obtener las aportaciones de otra persona, que ha implementado con éxito este tipo de alimentación. Siempre se puede tomar la ayuda de un dietista profesional, antes de implementar nada nuevo, se va a beneficiar en más de un sentido, si se une a grupos sociales formados para personas que siguen esta dieta. Veamos algunos de los principales beneficios de unirse a estos foros.

- Puede interactuar con diferentes personas que intentan seguir esta dieta. Puede obtener comentarios y aportaciones específicas de ellos, con respecto al seguimiento de este método. Estas opiniones le ayudarán a diseñar su plan de comidas de tal manera que aborde todas sus alergias y sus preferencias de la mejor manera posible.

- Estos foros sociales también contienen sugerencias para implementar esta dieta de manera efectiva. Cada persona compartirá su propia historia de éxito, que podría ser útil, cuando esté tratando de implementar esta dieta. Podría haber consejos específicos, que le ayudarán a empezar y seguir esta dieta correctamente.

- Lo mejor de estos foros sociales es que la gente puede compartir las historias de éxito. Cuando reciben el reconocimiento del resto de los miembros, se sienten motivados para seguir adelante. Como principiante, necesita toda la motivación para mantenerse en esta dieta. Cuando comparta su historia de éxito, se sentirá realmente bien consigo mismo y con el progreso que ha hecho. El reconocimiento que obtiene al hacerlo le ayudará a mantener la motivación suficiente para seguir esta dieta.

- Si quiere estar al día sobre los principales hallazgos relacionados, la mejor manera de hacerlo es formar parte de estos foros. La gente tiende a compartir los últimos estudios en torno a esta dieta y también los resultados de dichos estudios. Puede estar al tanto de lo último relativo a esta tendencia y esto también le asegurará que usted está haciendo lo correcto al seguir esta dieta.

- Los grupos sociales no son sólo para publicar las cosas buenas. La gente suele compartir las historias de cómo se desviaron de la dieta y lo que les costó volver al camino. Estos foros pueden ofrecer la oportunidad de aprender de los errores de los demás. Por lo tanto, cuando está tratando de ponga en práctica esta dieta, puede planificar su horario y plan de comidas de tal manera que evite las trampas comunes.

- Más que su familiar o amigo tratando de motivarle, usted se sentirá más motivado si una persona del grupo social le empuja a seguir esta dieta. Esto se debe a que la persona que le aconseja está pasando por el mismo viaje, lo que hace que sea más fácil relacionarse con ella. Es posible que no se relacione de esta manera con sus amigos o familiares. Tendemos a tomar el consejo de las personas que ya han recorrido el camino antes. Por lo tanto, si está pensando en desviarse de esta dieta, estos foros sociales pueden ser una fuente de apoyo.

Lleve un diario de alimentos

Adquirir el hábito de llevar un diario de alimentos le ayudará a ponga en práctica cualquier dieta de manera eficaz. Como he dicho antes, no prestamos realmente atención a lo que comemos, y mucho menos nos preocupamos por la naturaleza dañina de los ingredientes que estamos consumiendo. Incluso antes de implementar esta dieta, es importante que usted aprenda a mantener un diario de alimentos. Cuando empiece a hacerlo, será más consciente de sus hábitos alimenticios.

Registre todas las comidas que consuma, junto con la información nutricional. Ahora bien, puede que no sea posible predecir con exactitud el valor nutricional de todas las comidas, especialmente si las come fuera. Siempre que ponga una cifra estimada, podrá hacerlo. Después de anotar todas las entradas durante una semana, eche un vistazo al diario. Puede anotar la cantidad de cada macro que come cada día. Por ejemplo, evalúe si ha seguido una dieta alta en carbohidratos, basándose en estas entradas. Esta información le dará una idea de lo que se requiere para implementar la dieta ceto efectivamente. Por ejemplo, si ya está siguiendo una dieta alta en grasas y carbohidratos, debe centrarse sólo en la reducción de la ingesta de carbohidratos. Llevar un diario de alimentos le ayudará a obtener información específica sobre sus hábitos alimenticios y a elaborar un plan adecuado para implementar la dieta.

La práctica de llevar un diario también le ayudará a mantener la dieta. Por ejemplo, si tiene que registrar cada entrada en su diario, se lo pensará dos veces antes de desviarse de la dieta. Cuando registre todas sus comidas de manera diligente, podrá detectar rápidamente cualquier desviación y asegurarse de compensarla en las próximas comidas. Por ejemplo, si se da cuenta de que ha consumido más carbohidratos en el desayuno, puede omitir los carbohidratos en el resto de las comidas y centrarse sólo en las grasas y las proteínas. De este modo, seguirá respetando los principios de su dieta, aunque debe intentar mantener la mayor coherencia posible.

Llevar un diario también le ayudará a controlar sus progresos. Llevar un registro de sus progresos es esencial para ajustar su plan de dieta en consecuencia. Por ejemplo, si se da cuenta de que le cuesta seguir la dieta, puede identificar los factores que le distraen y pensar en cómo solucionarlos. Por otro lado, si se da cuenta de que está haciendo buenos progresos, se sentirá realmente motivado para seguir.

Deje de comer fuera antes de empezar la dieta

Se acabaron los días en los que comíamos fuera sólo en determinadas ocasiones. Casi todos acabamos comiendo fuera, un día sí y otro también. De hecho, comer en casa se ha convertido en algo tan raro que no nos damos cuenta de lo que nos estamos perdiendo. Este hábito de comer fuera con frecuencia podría ser un factor disuasorio importante, cuando usted está tratando de seguir cualquier dieta. Esto se debe probablemente a que los restaurantes a los que va o los locales de comida rápida que frecuenta no siempre tienen ingredientes ceto o preparan sus comidas según los principios de esta dieta. Aunque algunos platos parezcan aptos, puede que los ingredientes no se basen en los principios de esta dieta. De hecho, si recuerda, le había sugerido que comprara salsas y aromatizantes que no tuvieran azúcares añadidos. No hay ninguna garantía de que estos restaurantes puedan haber obtenido esos ingredientes similares. Las salsas o condimentos que utilizan podrían estar cargados de más carbohidratos y azúcares. Por lo tanto, es importante que aprenda a reducir el número de veces que come fuera, antes de empezar esta dieta.

Sé que no es posible bajar la cifra inmediatamente. Tómelo con calma y hágalo gradualmente para no pasar hambre. Lo ideal es que lo haga al menos una semana antes de empezar la dieta. De esta forma, estará preparando su cuerpo para ciertos cambios alimenticios. Anteriormente, si comía fuera 10 veces a la semana, intente reducirlo a seis. A medida que avanza la dieta, puede reducir los casos a un número aún menor. Al hacer esto, también está preparando su mente para seguir. Usted estará menos tentado a salir a comer cuando está siguiendo la dieta, si comienza a implementar esto.

Independientemente de que empiece a seguir cualquier dieta, esta decisión consciente de reducir el número de veces que come fuera siempre le va a beneficiar a la larga. Una razón importante por la que la mayoría de nosotros nos enfrentamos a la obesidad y a otros trastornos relacionados con el estilo de vida es el aumento drástico del número de comidas que hacemos fuera cada día. Al igual que en el caso de la compra, no todos prestamos atención a los ingredientes que se utilizan en esos platos. Cada dos días surgen nuevos estudios que reiteran el carácter nocivo de los conservantes y los aromatizantes artificiales añadidos. Por lo tanto, asegúrese de ponga en práctica este hábito, independientemente de si sigue alguna dieta o no.

Errores comunes que hay que evitar

Sal

Si es la primera vez que hace una dieta cetogénica, es posible que experimente algunos síntomas como dolores de cabeza constantes, fatiga, sensación de fiebre, etc., que a menudo se denominan gripe cetogénica. No se preocupe, ya que su cuerpo se adaptará a esta rutina. Dicho esto, puede prevenir estos síntomas. Está perdiendo más electrolitos a medida que come alimentos reales y sanos y bebe mucha agua. Tendrá que asegurarse de que sus niveles de electrolitos son constantes. La forma más fácil de hacerlo es añadiendo sal (sodio) a su cuerpo. Puede mezcle una cucharadita de sal con el agua que bebe y tomarla una vez al día. También puede añada sriracha o salsa de ajo picante a su comida, ya que tienen sodio. Puede añada un poco más de sal mientras da un condimento extra a sus ensaladas u otros platos. Consumir más sal tiene otro beneficio: ¡su cuerpo retiene agua sin esfuerzo, reduciendo así tus viajes al baño!

Conozca su "por qué".

Siempre hay que saber por qué se empieza una nueva dieta. Debe saber por qué está siguiendo esa dieta. ¿Quiere seguir la dieta porque quiere perder peso? ¿Es porque quiere tener un buen aspecto? ¿Quiere cambiar su estilo de vida? ¿O lo hace para mejorar su salud? Sea cual sea el motivo, es importante que lo entienda. Sólo así podrá seguir la dieta. El 99% del éxito de su dieta reside en su mente. Debe asegurarse de ser mentalmente fuerte. Es posible que quiera comer algún alimento, lo que hará que su cuerpo salga de la cetosis. Pregúntese por qué quiere seguir la dieta cetogénica y utilice esas razones para mantenerla.

Se acabó el picoteo

Una de las mejores cosas de la dieta cetogénica es que puede controlar mejor su apetito. Es posible que siempre haya cedido a sus antojos y haya cogido algo para comer de la nevera cada vez que oía a su estómago refunfuñar. Es posible que todavía experimente estos sentimientos unas semanas después de comenzar la dieta cetogénica. Es entonces cuando la mayoría de la gente se rinde y cede a sus antojos. Su cuerpo está acostumbrado a determinados tipos de alimentos, ya que siempre ha comido así. Por ejemplo, es posible que esté acostumbrado a comer algo cada tres horas y este hábito hará que le resulte difícil dejar de ir a la nevera y coger algo para comer. Tiene que trabajar conscientemente para desconectar su mente de este hábito. La mejor manera de conseguirlo es planificando sus comidas mucho antes. La planificación o preparación de las comidas juega un papel importante en la dieta ceto.

Gestión del estrés

Estresarse en exceso va a aumentar los niveles de cortisol en su cuerpo. El cortisol es la hormona del estrés que aumenta el nivel de azúcar en la sangre. Esto dificultará la pérdida de peso. Cuando su cuerpo experimenta una subida y bajada consecutiva de sus niveles de azúcar en sangre, envía una señal confusa a su cerebro. Este asume de forma natural que es el momento de rellenar la reserva de glucógeno y por ello le envía una señal diciéndole que necesita carbohidratos ahora. Si quiere asegurarse de que pierde peso con la dieta cetogénica, entonces tiene que trabajar en su gestión del estrés.

No tenga miedo a la grasa

Parece una tontería que haya que comer más grasa sobre todo si se quiere perder peso, ¿verdad? Si quiere perder peso y quemar el exceso de grasa en su cuerpo, debe privar a su cuerpo de los carbohidratos. Los carbohidratos son la principal fuente de energía para su cuerpo. Cuando el cuerpo no obtiene suficiente glucosa a través de los alimentos, se dirige al glucógeno. Una vez que agota por completo la reserva de glucógeno, comienza a buscar una alternativa fuente de energía. Es entonces cuando la grasa almacenada entra en escena. Su cuerpo se dirigirá a la grasa corporal almacenada, la quemará y la descompondrá en ácidos grasos y cetonas en el hígado. Cuando esto sucede, su cuerpo entra en el estado metabólico llamado cetosis. Por lo tanto, comer más grasas saludables va a ayudar a deshacerse de todo el peso del agua y la flacidez extra. Por lo tanto, las grasas son buenas aquí ¡no hay que tener miedo!

Deje de picar tan a menudo

Comer demasiado puede sacarle de la cetosis, ya que puede disparar sus niveles de azúcar en sangre. Dado que la dieta ceto es una dieta baja en carbohidratos y alta en grasas, abastézcase de alimentos ricos en grasas. Quedará saciado cuando aumente su consumo de grasa. Su apetito disminuirá. Si se le antoja un bocadillo, puede comer un puñado de almendras. La mejor manera de reducir el consumo de bocadillos es preparar las comidas con antelación para no picar mientras se prepara la comida.

No comer siempre lo mismo

Es importante que se asegure de no comer lo mismo todos los días. De lo contrario, se aburrirá. Hay muchas recetas aptas para la dieta cetogénica y todo lo que tiene que hacer es elegir las mejores para usted. Siempre puede modificar las recetas que encuentre en Internet a su gusto. Añada siempre algunas verduras bajas en carbohidratos a su comida cetogénica habitual y condiméntela con hierbas y condimentos. Intente experimentar con los alimentos que consume para que sus comidas sean interesantes. Esta es la única manera de asegurarse de que se adhiere a la dieta cetogénica.

Demasiadas proteínas no son buenas

Cuando come demasiada proteína en la dieta cetogénica, su cuerpo será empujado fuera de la cetosis. Dado que no se come carne con regularidad cuando se sigue esta dieta, hay momentos en los que comerá en exceso. Demasiadas proteínas pueden producir glucosa a través del proceso de gluconeogénesis. El exceso de proteína se convierte en glucógeno que luego se convertirá en grasa. Añada pechuga de pollo a su rutina dietética es bueno, pero comer un cubo entero de pollo frito no va a hacer ningún bien a su dieta ceto. Anote su ingesta de macronutrientes después de cada comida para evitar estos problemas.

El sueño es esencial

Si no le da a su mente y a su cuerpo el tan necesario descanso, su sistema va a tener dificultades para hacer las cosas que se supone que debe hacer. Es importante dormir bien para poder controlar el estrés. Debe darle a su cuerpo suficiente descanso, para que pueda ser energético al día siguiente. Es importante dormir ocho horas.

Tercera parte: Experimentación y seguimiento de la dieta ceto

Experimentando con la dieta

Antes de empezar la dieta cetogénica, asegúrese de leer todo lo que pueda sobre esta dieta. Es importante tener en cuenta que esta dieta afecta a las personas de forma diferente, y debe hablar con su médico antes de cambiar sus patrones de alimentación. Empiece lentamente y siga la dieta durante una semana antes de hacerla durante un mes o más. Este capítulo le ayuda a entender cómo experimentar con la dieta. Siga las siguientes instrucciones:

1. Realice una investigación
2. Encuentre a alguien que quiera hacer la dieta con usted: un amigo, un familiar o un colega
3. Mantenga la dieta durante la primera semana
4. Intente controlar sus antojos durante la semana
5. Note como su cuerpo responde a la falta de carbohidratos
6. Continúe con la dieta durante un mes
7. Observe el cambio y los resultados

Intente no hacerlo solo

Encuentre a alguien que quiera probar esta dieta con usted. Cuando trata de hacer esto solo, se hace difícil mantener la dieta.

La parte más difícil: La adaptación y la gripe cetogénica

El primer día de la dieta le irá bien y desayunará de forma saludable. Lo más difícil es dedicar tiempo y leer las etiquetas de todos los productos que compra en el supermercado. Puede que lo haya hecho alguna vez en el pasado, pero se encontrará mirando regularmente la etiqueta. Cuando hace esto, se da cuenta de que cualquier alimento que come contiene algo de azúcar.

Al final del primer día, se siente muy bien. Sin embargo, pronto empezará a notar algunos síntomas de abstinencia. La fatiga extrema y los antojos de azúcar son síntomas comunes. Es posible que quiera meterse en la cama a las 7 de la tarde todos los días y que no tenga energía para hablar con sus amigos o familiares. Incluso puede decidir abandonar la dieta, y esto no es una sensación psicológica sino física.

Esto puede continuar durante unos días más, pero cuando su cuerpo empieza a adaptarse al cambio, se sientes mucho mejor.

El resultado

El resultado no será un milagro, pero se siente como si lo fuera. Al día siguiente se levanta sintiéndose normal. Pronto puede retomar sus actividades normales, como correr por la mañana o ir al trabajo en bicicleta. Cuando realiza estas actividades, se da cuenta de que ahora lo hace mejor que hace unos meses. Puede correr durante más tiempo o incluso montar en bicicleta sin que le duelan las rodillas, y esto no era posible hace unas semanas. Como su cuerpo está acostumbrado a esta forma de comer, se da cuenta de que está acostumbrado a comer de forma saludable y tiene mínimos antojos de azúcar.

Los primeros 30 días

Las cosas se vuelven fáciles después de los primeros 30 días, y no se siente hambre muy a menudo ya que se aumenta el consumo de grasa. Aprende a disfrutar de la comida normal, y no se le antojan los dulces y otros alimentos poco saludables. Al final del primer mes, verá que ha bajado unos cuantos kilos. En el primer mes se pierde el peso del agua. Cuando supera las primeras semanas de dificultad, descubre que no es difícil mantener estos hábitos alimenticios. Su mente es el reto, y tiene que trabajar para controlar sus pensamientos. Puede que se coma una caja entera de galletas y termine corriendo por el barrio como un maníaco para perder las calorías extra que has consumido.

Creatividad en la cocina

Como el principal reto es la comida, uno se vuelve muy creativo. Puede suscribirse a numerosos blogs y canales de YouTube para aprender diferentes recetas aptas para ceto. También puede aprender a hornear postres ceto. Cuando aprende a diferenciar los distintos ingredientes, empieza a crear sus recetas en casa.

¿Qué beneficios puedo obtener?

La pérdida de peso no es el único beneficio de la dieta cetogénica, pero el hecho es que se siente mucho más ligero cuando sigue esta dieta. Estará más activo. Puede que corra más de lo que solía o incluso que vaya al trabajo en bicicleta. Es importante señalar que el efecto no es el mismo para todo el mundo. Algunas personas pueden necesitar introducir los carbohidratos en su dieta más pronto que tarde, mientras mantienen su consumo.

¿Qué debe hacer después de tres meses?

Al cabo de tres meses, se sentirá más ligero y podrá adelgazar demasiado. Verá claramente los beneficios de la dieta. Estará:

1. Más activo
2. Enfocado
3. Menos hinchado
4. Más delgado
5. Con más masa muscular

También notará que es consciente de los alimentos que come. Siempre leerá las etiquetas antes de comprar algo. También es posible que desarrolle algunos hábitos nuevos, como reducir el consumo de azúcar, cambiar los hidratos de carbono complejos por los simples, etc. Pronto se dará cuenta de que ya no echas de menos toda la comida que le apetecía en el pasado.

Sólo se permitirá un capricho de vez en cuando y comerá bocadillos o postres saludables. Tendrá más cuidado con lo que compra. También aprenderá a diferenciar entre el hambre y el aburrimiento.

¿No deberías tener un día de trampa?

La mayoría de las personas optan por tener algunos días de trampa en su dieta, pero esto no siempre les ayuda. Cuando experimenta, puede que coma más carbohidratos algunos días, y también algo de azúcar. Es posible que coma unas cuantas bolas de helado algunos días o que sólo coma cereales otros, y esto está absolutamente bien. No se culpe ni se torture, porque sólo es humano, y está obligado a cometer errores. Dicho esto, intente controlarse cada vez que pueda. No deje que un solo día de trampa dañe su progreso.

¿Qué hacer ahora?

La dieta cetogénica le transforma de una manera que no puede imaginar. Es posible que deje de beber refrescos, zumos de frutas envasados y bebidas azucaradas por su contenido en azúcar. También puede dejar de consumir el exceso de azúcar, y esto puede sorprenderle, especialmente si es alguien a quien le encanta comer dulces. Sin embargo, no se preocupe, ya que son buenas señales. Por fin ha aprendido a comer bien y a cuidar su cuerpo.

Después de los primeros meses, su dieta puede cambiar ligeramente. Eso sí, debe seguir comiendo menos hidratos de carbono, preferiblemente simples. También debe leer atentamente las etiquetas, para saber qué alimentos se lleva a la boca. Esta es la forma más fácil de comer alimentos de buena calidad. Puede seguir estas reglas sólo si puede seguir la dieta cetogénica con éxito durante tres meses. Siempre puede optar por cambiar a otros patrones de alimentación mientras se ciñe a consumir alimentos aptos para la cetogénesis.

Lo que ya habrá deducido es que su cuerpo no necesita necesariamente carbohidratos. Puede que le guste la sandía, pero limítese a comer sólo unas rodajas de sandía cada vez y no la fruta entera. Puede que los cereales ya no sacien su hambre, pero limítese a la cantidad que debe comer. Sea siempre considerado con los alimentos que consume.

Cuando realiza experimentos, sus hábitos alimenticios mejoran. Se vuelve consciente de los alimentos que se llevas a la boca. También busca opciones más saludables. ¿Cree que merece la pena probar esta dieta? Trabaje para cambiar sus hábitos cuanto antes. ¿Cree ahora que es posible cambiar la fuente de combustible de los carbohidratos a las grasas? Cuando realice este experimento durante tres meses, descubrirá que es posible hacerlo. También aprenderá que este patrón de alimentación es más saludable y mejor para usted. Como ha realizado este experimento durante más de 21 días, ahora es un hábito.

Cómo mantener el rumbo

A veces es difícil seguir un nuevo régimen alimenticio, incluso si lo disfruta y sabe que es bueno para usted. Nos bombardean constantemente con aperitivos poco saludables en cada esquina, supermercado y restaurante, y la accesibilidad a estos productos hace que sea difícil dejarlos pasar. Antes de que empiece a machacarse por esa hamburguesa con queso que ha comido, recuerde que cambiar sus hábitos alimenticios es un proceso a largo plazo, que requiere mucha adaptación y que no es una competición. En realidad, no puede fracasar en la remodelación de su dieta porque cada día le ofrece una nueva oportunidad de mejorar.

No sea perfeccionista

De todas las trampas de las dietas que pueden frenar su progreso, ninguna es tan insidiosamente dañina como el pensamiento perfeccionista. Ya sea contando calorías, obsesionándose con los pequeños contratiempos o intentando montar la cena según una fórmula matemática, no es sostenible tener este tipo de relación con la comida. El impulso de alimentarse es uno de nuestros instintos más fuertes, por lo que comer debería seguir siendo un placer para los sentidos y algo que haga que se sienta lleno y satisfecho. Siga las directrices de la dieta cetogénica, pero prepare los alimentos que le gustaría comer y no tenga miedo de salir de su zona de confort y ser creativo.

Realice cambios graduales

Un error común que cometemos cuando intentamos perder peso es lanzarnos a una nueva rutina de alimentación, que es diferente de lo que estamos acostumbrados a comer. Si bien esto puede funcionar a corto plazo, rara vez es sostenible, y a veces puede incluso causar graves problemas de salud porque es un choque para su cuerpo. Dese tiempo para introducirse en el estilo de vida cetogénico haciendo cambios pequeños pero significativos, como renunciar a una fuente de carbohidratos cada dos semanas. Es importante asegurarse de que se ha dado el tiempo suficiente para adaptarse al cambio antes de cambiar cualquier otra cosa. Una buena forma de reducir las molestias de la transición es añadir una fuente de nutrientes saludables a su dieta cada vez que elimine algo poco saludable. Por ejemplo, si ha decidido eliminar la harina blanca de su dieta, empiece a sustituirla por harina de almendras o de coco. Esto significa que puede seguir comiendo galletas, bizcochos e incluso pan en la dieta cetogénica.

Beber mucha agua

Nunca se insistirá lo suficiente en la importancia del consumo adecuado de agua para la salud en general, la sensación de saciedad después de las comidas, los niveles de energía, la inmunidad e incluso el aspecto físico. Sí, se ha demostrado que el agua ayuda a mantener una piel de aspecto juvenil y a prevenir la formación de líneas de expresión. Es indispensable en todas las funciones corporales importantes: mejora la digestión, mantiene los riñones sanos y favorece la formación de tejido muscular.

Lamentablemente, un estudio tras otro ha demostrado que la mayoría de las personas no beben suficiente agua, lo cual es una situación preocupante, especialmente para los niños. Las necesidades de agua de una persona pueden variar en función de su entorno y su estado de salud general. Si no está seguro de la cantidad que debe beber, no cuente con la sed para saber la cantidad de agua que necesita. En su lugar, intente beber un vaso pequeño de agua cada hora o al menos 8 vasos altos de agua cada día.

Rodéese de positividad

Comprometerse con un viaje que cambia la vida puede, a veces, ser estresante y abrumador. Aunque es normal sentirse desanimado en ocasiones, intente no dejar que eso se convierta en su nueva visión de la comida. Debería estar deseando que llegue su próximo y delicioso platillo ceto.

Lamentablemente, la falta de apoyo y los sentimientos de soledad e inadecuación son algunas de las razones más comunes por las que fracasan las dietas y los grandes cambios de estilo de vida en general. Si tiene una fuente de emociones negativas en su vida, intente solucionarla primero, antes de hacer cualquier cambio drástico en su dieta. Somos criaturas emocionales, e incluso cosas que pueden no parecer relacionadas con el éxito de nuestra dieta pueden desempeñar un papel indirecto en la formación de nuestra motivación.

Si no sabe cómo infundir más positividad en su vida, intente hacer algo nuevo. A algunas personas les gusta empezar el día reflexionando sobre un mantra positivo, otras prefieren realizar más actividades sociales, viajar más o practicar un deporte ligero. Sea lo que sea lo que crea que puede funcionar para usted, no tenga miedo de probarlo, no tiene nada que perder. También es importante asegurarse de que las personas de su círculo social (familia, amigos, incluso sus compañeros de trabajo) entienden lo que está intentando conseguir y le apoyan. Tómese su tiempo para explicarles sus objetivos; puede que algunos de ellos quieran acompañarlo en este viaje.

No tenga miedo de pedir ayuda

Así que, has estado en la dieta ceto durante un par de meses y ha estado leyendo libros de motivación toda la semana, pero todavía no puede deshacerse de esos sentimientos de confusión e incertidumbre. Es el momento de pedir ayuda, ya sea a su pareja, a su mejor amigo o incluso a un profesional. Las personas que hacen dieta a menudo informan de que experimentan sentimientos de vergüenza y culpa por lo que perciben como debilidades o fracasos en el cumplimiento de un régimen dietético, y esos sentimientos son mucho, mucho más peligrosos que los contratiempos que los causaron. Está bien cometer errores y no hay que avergonzarse por admitir que se necesita ayuda para alcanzar los objetivos. No tenga miedo de hablar con un nutricionista certificado y puede que le sorprenda la visión que le ofrece.

Saber qué esperar

Si está ansioso por comenzar la transición a la dieta cetogénica, recuerde que ninguna experiencia es impecable. Algunas personas pueden encontrar la transición más difícil que otras, pero todo el mundo comete errores y experimenta contratiempos en algún momento. Cambiar sus hábitos alimenticios de manera tan drástica no es una hazaña pequeña, por lo que es prudente esperar algunas molestias. Le está pidiendo a su cuerpo que cambie de fuentes de energía que, en cierto modo, es como cambiar de batería. Es posible que tenga un comienzo un poco movido, que se sienta cansado a menudo o que le resulte difícil sentirse lleno después de comer una comida entera. Aunque esto es normal, intente no estresar demasiado a su cuerpo.

Deje de lado algunos de los cambios recientes que ha hecho o considere nuevas formas de sustituir lo que siente que ha perdido.

No descuides otros aspectos de tu salud

Aunque los cambios dietéticos por sí solos pueden suponer una gran diferencia a la hora de mejorar la salud y el peso en general, es muy útil ser bueno con uno mismo. Cosas como mantener un estilo de vida moderadamente activo, dormir lo suficiente, tomarse tiempo libre en el trabajo y pasarlo con la familia, o hacerse un examen físico rutinario, funcionarán en conjunto con su nueva dieta para ayudar a mantener su salud y prolongar su vida.

Si le cuesta incorporar más actividad física a su rutina diaria, piense con sencillez. Caminar, montar en bicicleta y otras actividades al aire libre no sólo son buenas para el cuerpo, sino también para la mente y el alma. Los estudios demuestran ahora que incluso el ejercicio suave puede tener un impacto positivo en la salud mental, favoreciendo los niveles de energía, aumentando la sensación de bienestar e incluso tratando la depresión, la ansiedad y el estrés.

No renuncie a sus comidas favoritas, ¡conviértalas en ceto!

Pensar en cualquier dieta en términos de lo que no se puede comer puede ser rápidamente frustrante y desalentador. En lugar de ello, busque en los libros de cocina ceto y en la muy ingeniosa comunidad de Internet ceto consejos e ideas sobre cómo convertir los platos tradicionales en deliciosas versiones aptas. Tenga en cuenta que la cetología no consiste en privarse, sino en mejorar su dieta y favorecer la cetosis. Como se trata de una rutina de alimentación rica en grasas, sigue conservando toda la exquisitez y la textura de sus comidas favoritas. En muchos casos, la dieta cetogénica le permitirá incluso mejorar el sabor de los platos clásicos añadiendo ingredientes deliciosos que de otro modo podría haber evitado, como la nata espesa y la mantequilla derretida.

Haga que comer sano sea un objetivo para toda la vida, no un proyecto puntual

Para la mayoría de las personas, alcanzar su objetivo de salud y peso no es el aspecto más difícil de la dieta. Lo verdaderamente difícil es mantener el peso y hacer cambios en la dieta que duren toda la vida. Alcanzar sus objetivos primarios puede ocurrir en meses, así que tenga en cuenta desde el principio que acabará llegando a la fase de mantenimiento. En esta fase, ya no está intentando perder peso o mejorar los resultados de sus análisis de sangre; sólo intenta conservar lo que ha conseguido. Para lograr el éxito a largo plazo, es importante que siga dando pequeños pasos y que trabaje gradualmente para convertir la dieta cetogénica en su forma de alimentación normal y cotidiana.

Idear un sistema de recompensas adecuado

Para mantenerte motivado y seguir en el camino, tiene que idear su propio sistema de recompensas. Algunas de las principales ventajas de contar con un sistema de recompensas son las siguientes:

- No tiene que depender de otros para motivarse a seguir el camino. Estará motivado automáticamente por su propio sistema de recompensas y esto le ayudará a mantenerse en el camino.
- Cuando se de cuenta de que hay una recompensa por mantenerse en el camino durante toda la semana, se lo pensará dos veces

antes de desviarse de su dieta. Los primeros días de la dieta pueden ser un reto, y siempre le vendrá bien un poco de motivación extra. Contar con un sistema de recompensas le ayudará a conseguirlo.

Sin embargo, hay ciertas reglas básicas que debe establecer antes de diseñar su sistema de recompensas. Veamos algunas de esas reglas. Una vez más, son bastante ilustrativas por naturaleza. Puede modificarlas como quiera.

Establezca primero objetivos tangibles

Tenga claros sus objetivos antes de decidirse por una recompensa. Tómese un tiempo para establecer sus objetivos dietéticos. No se pases de la raya ni se plantee objetivos poco realistas. Los objetivos que establezca deben ser medibles, prácticos y alcanzables. Por ejemplo, puede plantearse el objetivo de cocinar todas sus comidas durante una semana. Intente fijarse objetivos a corto plazo, ya que pueden proporcionarle un sentido específico de la dirección. Créame cuando le digo que este sentido de dirección le ayudará a implementar su dieta de manera efectiva.

Proponer recompensas adecuadas

Las recompensas pueden ser bastante complicadas y hay que diseñar el sistema de recompensas con cuidado. Tendrá que elegir la cuantía de la recompensa en función del esfuerzo que suponga. Por ejemplo, si es una persona que vive de la comida chatarra, puede que le resulte difícil dejarla por completo a partir de mañana. Por lo tanto, un objetivo realista sería reducir el número de días que come esta comida de 7 a 4. Debe elegir una recompensa adecuada para el esfuerzo que supone reducir la ingesta a la mitad.

Si su recompensa es demasiado abundante, estará demasiado ocupado con ella y perderá de vista la dieta. Por otro lado, si su recompensa no es suficiente, no estará motivado para seguir la dieta. Por lo tanto, la elección de la recompensa adecuada es absolutamente crucial si se quiere mantener la motivación. No tenga prisa. Tómese algo de tiempo y también la ayuda de otra persona para idear un sistema de recompensa imparcial.

Cronometre bien sus recompensas

Si quiere obtener motivación por tener un sistema de recompensas, es imperativo que decida también el momento de estas. Si está probando esta dieta por primera vez, asegúrese de que sus recompensas sean oportunas para que no se desvíe de la dieta a la primera oportunidad que se le presente. Si su recompensa no es inmediata, no se molestará en seguir los principios de esta dieta. Por lo tanto, intente recompensarse lo antes posible. Al mismo tiempo, no se recompense anticipando el cumplimiento de sus objetivos. Eso nunca le servirá de nada.

Las recompensas deben estar en consonancia con la dieta

El objetivo de tener un sistema de recompensas en primer lugar es asegurarse de que se sigue la dieta. Por lo tanto, debe elegir sus recompensas de tal manera que no contradigan sus esfuerzos. Por ejemplo, no puede elegir una comida con muchos carbohidratos como recompensa por seguir la dieta con éxito durante una semana. Por lo tanto, piense en recompensas saludables.

Recompénsese (pero no con comida)

"Me ha ido muy bien manteniendo mi dieta este mes, ¡creo que debería regalarme una pizza de pepperoni normal y una barra de chocolate!". - ¿Le suena esto? Por muy tentador que parezca este tipo de reacción, está reforzando las ideas negativas sobre la dieta que acaba de adoptar. Concretamente, que se trata de una tarea penosa que debe soportar hasta la próxima vez que pueda recompensarse con comida "normal". Pensar así no le hará ningún bien en general y, si realmente le disgusta su forma de comer, podría intentar mejorar su dieta actual.

Dicho esto, sigue siendo útil fijarse objetivos y recompensarse cuando los consiga, pero no lo haga con más comida. Una buena forma de hacerlo es mimarse. Regálese un buen día en el spa, hágase un masaje profesional, vaya de compras o pruebe una actividad al aire libre que siempre haya querido probar pero que nunca haya hecho. De este modo, se inyectará algo de energía positiva en su vida y le hará sentir mejor con su dieta.

Gestione las salidas sociales

Sé que no es posible quedarse siempre en casa y limitarse a comer comida casera. En algún momento tendrá que aceptar invitaciones a salidas sociales. Es importante que se atenga a su dieta, pase lo que pase. Aunque puede ser difícil, es posible. Un par de consejos para ayudarle a salir de estas reuniones sociales, sin desviarse de su plan de dieta, son los siguientes:

Coma antes de salir

Si no está seguro del menú de la reunión, le vendrá bien no comer mucho fuera. No es posible que en la cena sólo encuentre artículos aptos para la dieta cetogénica. Por lo tanto, la mejor manera de comer menos fuera es comer en casa antes de salir. Sé que esto puede parecer una locura, pero créame que se sentirás bien por no desviarse de su dieta.

Rechace la carta

Si sabe a qué restaurante va, puede consultar el menú en Internet antes de salir. Intente identificar esos artículos que se basan en los principios de esta dieta. Elija el plato que quiera comer. Cuando llegue al restaurante, rechace la carta del menú y pida el plato que ha elegido. De este modo, las probabilidades de que se sientas tentado por otros platos y pida algo que no está permitido en su dieta son muy bajas.

Hágale saber a su anfitrión su preferencia

Si le invitan a cenar a casa de un amigo o colega, hágale saber que está a dieta y que comerá poco. Al informarles por adelantado, les da la oportunidad de tener un plato apto en el menú. Si no es posible, al menos no parecerá una persona maleducada que rechaza todos los platos de la mesa. De este modo, no se sentirá presionado a comer cualquier plato que no sea apto para la dieta ceto.

Cuarta parte: Ceto para mujeres

Ceto para mujeres

¿La dieta cetogénica es diferente para las mujeres que para los hombres? Si desea una forma eficaz y rápida de perder peso, encontrar energía física y mental, controlar su problema de azúcar y reducir la información, la dieta cetogénica es el camino a seguir. Dicho esto, ¿se recomienda esta dieta para las mujeres?

Este capítulo explora la dieta cetogénica y por qué es diferente para las mujeres. También veremos diferentes consejos para que la dieta cetogénica funcione para una mujer.

¿Por qué es difícil para las mujeres perder peso?

Supongamos que usted y un amigo (un hombre) empiezan juntos un programa de pérdida de peso. Se adhieren a sus objetivos calóricos de ejercicio igual y mantienen una dieta. Mira la balanza al cabo del mes y ve que el hombre ha perdido más peso que usted. Esto no es justo, pero desgraciadamente es un proceso biológico. Las mujeres tienen muchos obstáculos o barreras cuando se trata de perder peso. Algunos de estos problemas son:

Su organismo

Dado que el cuerpo de la mujer se prepara constantemente para el embarazo, tienen al menos un 10% menos de masa muscular y más reservas de grasa corporal en comparación con los hombres. Dado que los músculos queman calorías más rápido que la grasa, los hombres también tienen un mayor índice de metabolismo. Esto significa que queman más calorías en comparación con las mujeres, lo que facilita la pérdida de peso.

SOP no diagnosticado

El síndrome de ovario poliquístico o SOP es un trastorno endocrino común. Afecta a cerca del 10% de la población femenina. Sin embargo, más del 70% de las mujeres con este trastorno no saben que lo padecen. Este desequilibrio provoca resistencia a la insulina, periodos irregulares y dificultad para mantener un peso corporal ideal.

Menopausia

La menopausia también provoca un aumento de peso, sobre todo en la parte baja del abdomen. Dado que las mujeres tienen una tasa de metabolismo más baja, la disminución de los niveles hormonales durante la menopausia conduce a la barriga de la menopausia.

Estas son algunas de las razones por las que las mujeres tienen dificultades para perder peso. Esto no significa que la dieta cetogénica no pueda funcionar para usted. Las investigaciones demuestran que la dieta cetogénica es una forma excelente para que las mujeres pierdan peso, especialmente si lo hacen bien. Las mujeres pueden entrenar su cuerpo para funcionar con grasas en lugar de carbohidratos cuando se cambian a la dieta cetogénica. Esto significa que consiguen:

- Utilizar las reservas de grasa de su cuerpo en su beneficio. Cuando su cuerpo comienza a utilizar la grasa, reconoce las células como fuente de combustible. Esto significa que puede comer menos calorías y dejar que su cuerpo queme grasa para producir energía.
- Mejorar la sensibilidad de su cuerpo a la insulina. Cuando se reduce el consumo de azúcar, se resuelve la resistencia a la insulina, el SOP y los problemas de fertilidad para evitar la pérdida de peso.
- Para restaurar o equilibrar sus niveles hormonales. El exceso de azúcar y carbohidratos tiene efectos significativos en su equilibrio hormonal. Puede restablecer los niveles hormonales de su cuerpo a través de la dieta cetogénica.

El único problema es que hay pocas investigaciones que ayuden a entender el efecto de la dieta cetogénica. Dicho esto, vamos a discutir lo que sabemos hasta ahora.

¿En qué se diferencia la dieta de las mujeres?

Las mujeres deben tener en cuenta diferentes aspectos cuando se trata de su dieta, y los hombres no tienen que ocuparse de ellos cuando deciden seguir una dieta.

Hormonas

Un cambio en el nivel de hormonas femeninas en el cuerpo afecta a la reproducción, el metabolismo y el estrés. Los niveles fluctúan en función de la disminución de carbohidratos, los ciclos menstruales y la falta de sueño. Los hombres también tienen hormonas, pero las hormonas femeninas son sensibles a los cambios en el estilo de vida y la dieta. Dado que la dieta cetogénica es un cambio drástico en la dieta, se hace difícil para su cuerpo manejar este cambio. Esto perjudica a sus hormonas si no tiene demasiado cuidado.

Niveles bajos de estrógeno

Si está en edad reproductiva, puede notar un descenso en los niveles de estrógeno si sigue la dieta cetogénica. Al reducir el consumo de alimentos procesados, también se reduce el consumo de aceite de soja. Debe asegurarse de mantener sus niveles de estrógeno, ya que unos niveles bajos pueden provocar sequedad vaginal, alteraciones en su estado de ánimo y en su ciclo de sueño y un menor deseo sexual.

Niveles altos de estrógeno

Si se acerca a la menopausia o está en ella, sus niveles de estrógeno disminuyen de forma natural. Los expertos recomiendan que siga una dieta ceto alta en grasas.

Aumento del cortisol

El cuerpo produce cortisol en grandes cantidades si la glucosa en el cuerpo es mínima o nula, porque no puede manejar el estrés sin glucosa.

Si se aumenta el consumo de azúcar, se produce una resistencia a la insulina y aumenta el peso.

Periodo

No importa lo que digan los demás, la regla es una mierda. Las mujeres tienen que lidiar con los periodos y los incómodos síntomas cada mes. ¿Por qué es difícil seguir la dieta cetogénica durante el SPM?

Durante el síndrome premenstrual le apetecen los dulces y los productos salados, y esto hace que sea difícil seguir la dieta, siente que pesa más o está hinchada ya que retiene el agua. Durante el síndrome premenstrual resulta difícil digerir los alimentos debido a la hinchazón. El dolor no es del estómago, sino del abdomen, por lo que es posible que ni siquiera tenga hambre. Puede optar por comer alimentos que su cuerpo pueda digerir fácilmente

Los dolores de cabeza no son ninguna broma, y pueden convertirse en un dolor de cabeza cetogénico si no vigila su equilibrio de electrolitos y agua.

Los calambres no facilitan las cosas, y es posible que quiera acurrucarse en su cama con un plato de nachos, unas bolas de helado o una caja de bombones

Los hombres no tienen esos problemas y les resulta más fácil seguir la dieta. Las mujeres, en cambio, se sienten miserables durante dos semanas, lo que dificulta el cumplimiento de la dieta.

Reducir su consumo rápidamente

Los expertos recomiendan que los hombres no coman demasiados carbohidratos cuando siguen la dieta cetogénica. Sin embargo, una mujer nunca debe comer muy pocos carbohidratos. Como se mencionó anteriormente, el cuerpo de una mujer es sensible a los cambios dietéticos, y una disminución repentina de los carbohidratos puede hacer que su cuerpo entre en modo de inanición. Retendrá las calorías y no quemará las reservas de grasa porque se está muriendo de hambre. Este choque conducirá a la sobreproducción de diferentes hormonas como el cortisol y el estrógeno, lo que puede estancar la pérdida de peso. Cuando añade algunos carbohidratos más a su dieta, su cuerpo se da cuenta de que las cosas están bien. Empezará a quemar gradualmente las reservas de grasa para producir energía. Es necesario que aumente su consumo de carbohidratos si lo está:

- Haciendo ejercicio regularmente y realizando a menudo entrenamientos de alta intensidad
- Activa durante el día
- Aumentando o desarrollando la masa muscular
- Con incapacidad para recuperarse de los entrenamientos
- Con incapacidad de perder peso
- Embarazada
- En lactancia materna
- En menopausia o perimenopausia

Más adelante en este capítulo veremos diferentes formas de controlar la ingesta de carbohidratos. También debe vigilar su consumo de calorías.

Puede que no coma lo suficiente

La dieta ceto suprime el apetito, y no siempre se tiene tanta hambre como antes. Como no tiene hambre, puede olvidarse de comer. Esto suena increíble, pero es muy poco saludable. Necesita crear un déficit calórico si quiere perder peso, pero tiene que darle a su cuerpo las calorías que necesita, para que pueda funcionar. No tema a la grasa, ya que le ayuda a satisfacer sus necesidades calóricas. Acepte la grasa en la dieta cetogénica. Ya que elimina los carbohidratos de su dieta, necesita aumentar su consumo de grasa, si es que está:

- Embarazada
- En lactancia materna
- Quemando muchas calorías durante los entrenamientos
- Experimentando periodos irregulares
- Con ansiedad por la cafeína y los dulces con regularidad
- Sufriendo de niebla cerebral
- Propensa a infecciones como las ocasionadas por hongos, SIBO e ITU

Lactancia y embarazo

¿Le resulta difícil quedarse embarazada? La dieta cetogénica es una de las mejores formas de aumentar las posibilidades de embarazo. Las mujeres con SOP tienen problemas de fertilidad. Sus ovarios pueden dejar de ovular y esto hace que el embarazo sea imposible. Se realizó un estudio sobre mujeres con este síndrome, y se descubrió que dos mujeres que eran infértiles pudieron concebir cuando siguieron la dieta cetogénica.

¿Es seguro seguir la dieta cetogénica durante el embarazo?

Puede seguir la dieta cetogénica durante el embarazo. Es necesario que hable con su ginecólogo y con su dietista, para que tenga una nutrición adecuada durante el embarazo. Aquí tiene algunos consejos a tener en cuenta:

- No intente perder peso durante el embarazo. Su bebé necesita todas las calorías y nutrientes posibles.
- Evite el ayuno intermitente durante el embarazo, ya que su bebé no recibirá la nutrición necesaria.
- Aumente la ingesta de carbohidratos para desarrollar los músculos, los huesos y otras estructuras internas.
- No reduzca su consumo de calorías cuando de pecho, ya que eso afecta a su capacidad de producir leche. Cuando ingiere menos calorías, la producción de leche es menor.

La hora de la comida es dura

Si tiene que preparar y cocinar las comidas en casa, puede que le resulte difícil cocinar opciones no cetogénicas para el resto de la familia y comidas ceto para ti. Esto es especialmente difícil cuando se tienen niños en casa. Cuando se convierte en demasiado trabajo seguir la dieta, poco a poco se pierde la motivación para hacerlo. Las investigaciones demuestran que las mujeres ven la hora de la comida como una forma de relacionarse con la familia y los amigos, y cuando se ciñen a la dieta mientras las personas que las rodean se atiborran de comida deliciosa, pierden la voluntad de continuar.

¿Significa esto que las mujeres no pueden seguir la dieta cetogénica? No. Las mujeres pueden seguir la dieta cetogénica, pero tienen que ir a su ritmo.

Haciendo un trabajo excelente

Si lo hace bien, la dieta cetogénica puede ser el mayor avance para su salud. Los siguientes son algunos consejos que debe tener en cuenta cuando decida cambiar a la dieta cetogénica.

Limite lentamente sus carbohidratos

Los hombres pueden empezar la dieta ceto cualquier día que deseen y reducir su consumo de carbohidratos de 200 a 25 gramos. Las mujeres, sin embargo, necesitan un poco más de tiempo para adaptarse. Antes de empezar la dieta cetogénica, haga un seguimiento de su consumo de alimentos. Este proceso le ayudará a gestionar y medir su comida en macros. También le ayuda a identificar su línea de base de carbohidratos. Supongamos que come 250 gramos de carbohidratos al día. No tiene que tomar medidas drásticas para que su cuerpo entre en cetosis. En un estudio, se pidió a 24 mujeres que siguieran una dieta baja en carbohidratos durante un periodo de ocho semanas. Cada una de ellas perdió 19 libras y tuvo una menor resistencia a la insulina, niveles de azúcar en sangre, niveles de testosterona y triglicéridos. Esto ocurrió porque limitaron su consumo de carbohidratos a 70 gramos por día. Esto significa que no hay que pasar de 250 gramos a 25 gramos cuando se empieza con la dieta. Debe introducir su cuerpo en la dieta con facilidad.

Primera semana

Intente reducir su consumo de carbohidratos a 150 gramos por día y vea si puede terminar la semana reduciendo el consumo a 100 gramos.

Segunda semana

Empiece con 100 gramos de carbohidratos cada día y termine la semana reduciendo la ingesta a 50 gramos.

Tercera semana en adelante

Al final de la tercera semana, intente reducir su consumo a 25 gramos y manténgase en esta cifra.

Esta reducción gradual ayuda a su cuerpo a adaptarse y ajustarse; sin embargo, tiene que escuchar a su cuerpo. Si se siente demasiado cansada, tiene hambre a menudo o no puede terminar su entrenamiento, necesita incluir más carbohidratos en su dieta.

Pasar al ayuno intermitente

Las mujeres pueden perder peso fácilmente y quemar la grasa extra de su cuerpo con el ayuno intermitente. El ayuno intermitente es un patrón de alimentación en el que se fluctúa entre períodos de comida y de ayuno. Se puede ayunar hasta 18 horas. El patrón de ayuno intermitente más común es el método 16/8, en el que se comen comidas saludables durante las ocho horas de alimentación y se ayuna durante 16 horas. Este patrón de alimentación le da a su cuerpo el descanso necesario para la digestión.

Su cuerpo se repara durante el periodo de ayuno. Si no hay hidratos de carbono en su cuerpo, pasará a las reservas de grasa para producir energía. Esto significa que no ingiere demasiadas calorías durante el día.

Coma alimentos saludables para alimentar sus antojos

Ninguna mujer es igual cuando se trata de antojos de comida durante el SPM. Sin embargo, la mayoría de las mujeres tienen antojos de comida chatarra con muchas calorías y de chocolate. Cambie a uno de los siguientes bocadillos ceto durante estos tiempos. No sucumba a sus antojos y coja una bolsa de patatas fritas.

Dulce

- Galletas ceto con chispas de chocolate
- Brownies ceto con corteza de menta
- Barras ceto
- Helado de menta y chocolate ceto
- Barras de chocolate caseras y saludables
- Tarta de chocolate cetogénica
- Pudín de chocolate y chía
- Bocadillos de mantequilla de cacahuete con sal marina y chocolate

Salado

- Macarrones de coliflor con queso cremoso
- Chips de col crujiente
- Dip cremoso de espinacas y alcachofas ceto
- Paletas de jalapeño ceto
- Patatas fritas al horno con apio nabo

Aléjese siempre de la báscula durante el periodo para mantener la salud emocional y mental. No ignore el gimnasio ya que el ejercicio ayuda a reducir el dolor.

Inicie el entrenamiento de resistencia

No estará musculosa o fornida si trabaja conscientemente en la construcción de músculo. Cuando tiene más masa muscular, su metabolismo mejora. Su cuerpo quema más calorías cuando está en reposo y su físico se verá mejor. El entrenamiento de fuerza también mejora la función reproductora y disminuye la grasa del vientre, y esto no es nada fácil. Intente entrenar al menos tres veces por semana y anote sus rutinas de ejercicio en su diario.

Lleve un diario de alimentos

Tiene que hacer un seguimiento de los alimentos que come, para que cumpla con el nivel de macros requerido. Puede escribirlo en un diario o utilizar una aplicación de seguimiento de alimentos para calcular las macros. Dado que su cuerpo es sensible a los cambios, es mejor llevar un diario, donde escriba cómo se siente al seguir la dieta cetogénica. En el diario puede controlar lo siguiente:

- Ansias
- Niveles de energía
- Peso
- Objetivos corporales
- Ejercicios
- Estados de ánimo y emociones
- Medidas del cuerpo
- Recuperación del entrenamiento

Es posible que no quiera hacer un seguimiento de esta información, pero ayudará a su médico cuando le visite por cualquier problema. También puede identificar los alimentos que su cuerpo no tolera. El diario también le ayuda a identificar los suplementos que puede necesitar para su dieta.

Consuma suplementos aptos para cetonas

La mayoría de las mujeres beben zumo de arándanos para prevenir las infecciones del tracto urinario, ya que son propensas a desarrollarlas. Sin embargo, este zumo no es apto para la cetogenia. En lugar de evitar por completo el zumo de arándanos, busque un suplemento de arándanos apto. También puede incluir proteína de colágeno si quiere mejorar la textura y fortalecer sus uñas, articulaciones, cabello y piel. Este suplemento también mejora la digestión. Cuando salga de un día trampa o acabe de empezar la dieta cetogénica, consuma cetonas exógenas ya que ayudan a su cuerpo a cambiar fácilmente a la cetosis.

La dieta cetogénica para las mujeres requiere mucha más tarea, y tiene que prestar atención a lo que come, para que lo haga bien. Esta es la mejor decisión que toma para su bienestar, salud y apariencia.

Plan de comidas de 15 días

Ya que cubrimos los fundamentos de la dieta cetogénica, y lo que puede hacer para seguir la dieta, veamos un plan de comidas de 15 días para ayudarle a empezar con la dieta.

Día 1

Desayuno - Sartén para el desayuno

Almuerzo - Ensalada de queso de cabra con mantequilla balsámica

Cena - Wraps de hamburguesa con queso y tocino

Día 2

Desayuno - Huevos con aguacate

Almuerzo - Pizza blanca con champiñones y pesto

Cena - Pastel de carne con queso

Día 3

Desayuno - Barras de granola con chispas de chocolate y arándanos

Almuerzo - Ensalada de pollo al eneldo

Cena - Cazuela fácil de pollo mexicano con chipotle

Día 4

Desayuno - Croquetas de coliflor

Almuerzo - Arroz de coliflor con ajo y asiago

Cena - Espaguetis al horno dos veces

Día 5

Desayuno - Sándwich de salchicha

Almuerzo - Salteado de pollo y tocino

Cena - Pollo al horno con salsa de vodka

Día 6

Desayuno – Pizza huevo

Almuerzo - Taquitos de pollo a la búfala

Cena - Huevos al horno

Día 7

Desayuno - Queso al horno

Almuerzo - Ensalada de queso de cabra con mantequilla balsámica

Cena - Hamburguesas sin pan

Día 8

Desayuno - Sartén de desayuno

Almuerzo - Sopa de carne

Cena - Pechuga de pollo envuelta en tocino

Día 9

Desayuno - Pulled Pork Breakfast Hash

Almuerzo - Ensalada de fideos de pollo al pesto y calabacín

Cena - Wraps de hamburguesa con queso y tocino

Día 10

Desayuno - Batido de desayuno de mantequilla de almendras y canela

Almuerzo - Taquitos de pollo a la búfala

Cena - Espaguetis al horno dos veces

Día 11

Desayuno - Huevos revueltos perfectos

Almuerzo - Pimientos rellenos de lasaña

Cena - Halloumi con berenjena frita con mantequilla

Día 12

Desayuno - Pizza Huevo

Almuerzo - Aguacate relleno de atún

Cena - Tacos de carne

Día 13

Desayuno - Barras de granola con chispas de chocolate y arándanos

Almuerzo - Fideos Alfredo con tocino

Cena - Pastel de calabacín y champiñones

Día 14

Desayuno - Sándwich de salchicha

Almuerzo - Arroz de coliflor con ajo y asiago

Cena - Hamburguesas sin pan

Día 15

Desayuno - Huevos revueltos perfectos

Almuerzo - Ensalada de pollo al eneldo

Cena - Espaguetis al horno dos veces

Recetas para el desayuno
Sándwich de salchicha

Porciones 2

Ingredientes:

- 2 huevos
- Sal y pimienta al gusto
- ¼ de taza de queso cheddar afilado rallado
- 1 cucharadita de salsa sriracha o al gusto
- 4 hamburguesas de salchicha
- 2 cucharadas de queso crema
- ½ aguacate mediano, pelado, sin hueso, en rodajas

Instrucciones:

1. Siga las instrucciones del paquete y cocine las hamburguesas de salchicha.
2. Añada el queso crema y el queso cheddar en un bol apto para microondas. Cocine a alta potencia en el microondas, durante unos 30 segundos o hasta que se derrita.
3. Añada la salsa sriracha al bol del queso y bata hasta que esté bien combinada.
4. Bata los huevos en un bol con sal y pimienta.

5. Ponga una sartén a fuego medio. Añada la mitad del huevo batido. Cuando la parte inferior de la tortilla esté cocida, de vuelta y cocine el otro lado.

6. Saque la tortilla y colóquela en un plato.

7. Haga la otra tortilla de forma similar.

8. Extienda la mezcla de queso sobre la tortilla.

9. Coloque una tortilla en cada una de las 2 hamburguesas de salchicha.

10. Cubra con el resto de las hamburguesas de salchicha para completar el sándwich.

11. Sirva.

Huevos revueltos perfectos

Porciones: 2

Ingredientes:

- 4 huevos de corral grandes
- 3-4 cucharadas de mantequilla
- ¾ de taza de nata líquida o leche entera
- Sal y pimienta al gusto

Instrucciones:

1. Añada los huevos, la nata o la leche, la pimienta y la sal en un bol y bata ligeramente hasta que estén bien combinados.
2. Ponga una sartén antiadherente a fuego medio. Añada la mantequilla. Cuando la mantequilla se derrita, añada la mezcla de huevos. No remueva durante 20 segundos.
3. Con una cuchara de madera, remueva ligeramente. Levante y doble el huevo del fondo de la sartén.
4. No remueva durante otros 10 segundos. Levante y doble el huevo desde el fondo de la sartén.

5. Repita el paso anterior hasta que los huevos estén cocidos en su totalidad, pero también blandos en diferentes puntos. Apague el fuego.
6. Remueva ligeramente y sirva inmediatamente.

Hash de cerdo para el desayuno

Porciones: 4

Ingredientes:

- 4 cucharadas de aceite de aguacate
- ½ cucharadita de ajo en polvo
- 6 coles de Bruselas, cortadas por la mitad
- ¼ de taza de cebolla roja picada
- 4 huevos grandes
- 2 nabos (4 onzas cada uno), cortados en dados
- Sal y pimienta
- 2 tazas de col rizada picada, desechar los tallos y las costillas duras
- 6 onzas de carne de cerdo desmenuzada
- Pimentón - 1 cucharadita

Instrucciones:

1. Ponga una sartén de hierro fundido a fuego medio-alto. Añada el aceite y deje que se caliente. Añada el nabo, el ajo en polvo, el pimentón y la pimienta y saltee durante 3-4 minutos. Remueva de vez en cuando.
2. Incorpore las coles de Bruselas, la cebolla y la col rizada y cocine hasta que estén ligeramente tiernas.

100

3. Incorpore la carne de cerdo y caliente bien.
4. Haga 4 pozos en diferentes puntos de la mezcla.
5. Rompa un huevo en cada cavidad. Tape la sartén y cocine los huevos hasta el punto deseado.
6. Sirva caliente.

Sartén para el desayuno

Porciones 2

Ingredientes:

- ½ cucharadita de aceite
- ½ taza de salsa
- ½ libra de pavo molido
- 3 huevos

Instrucciones:

1. Cocine la carne en una sartén a fuego medio hasta que ya no esté rosada.
2. Incorpore la salsa y caliéntela bien. Haga 3 pozos en la mezcla. Ponga un huevo en cada hueco. Cocine los huevos hasta el punto deseado.

Huevos de aguacate

Porciones 4

Ingredientes:

- 2 cucharaditas de aceite de oliva
- 4 huevos, separados
- Hojas de menta picadas para decorar
- 2 aguacates, sin hueso, cortados por la mitad, sacando un poco de la pulpa, lo suficiente para que quepa un huevo
- Sal al gusto

Instrucciones:

1. No deseche la pulpa recogida de los aguacates.
2. Bata las claras y la sal.
3. Ponga una sartén grande con aceite a fuego medio. Coloque las mitades de aguacate en la sartén, con la parte cortada hacia abajo. Cocine hasta que la parte cortada esté ligeramente dorada.
4. Gire los aguacates, ahora el lado de la piel estará hacia abajo.
5. Vierta las claras en las cavidades de los aguacates. Puede que se extienda por las otras partes de los aguacates. No pasa nada.
6. Tape la sartén y cocine hasta que las claras estén cocidas. Coloque una yema en cada cavidad.
7. Tape y cocine hasta que las yemas estén cocidas al punto deseado. Sirva con aguacates cortados.

Pizza huevo

Porciones 2

Ingredientes:

- 2 cucharadas de mantequilla
- 4 cucharadas de salsa de pizza ceto
- 4 cucharadas de queso mozzarella rallado
- Condimento italiano al gusto
- 4 huevos grandes
- 2 cucharadas de queso parmesano rallado
- 10 rebanadas de pepperoni
- Sal al gusto

Instrucciones:

1. Ponga una sartén con mantequilla a fuego medio-bajo. Añada la mantequilla. Cuando la mantequilla se derrita, rompa los huevos en la sartén. No remueva.
2. Cuando las claras empiecen a cuajar, reparta la salsa de pizza sobre los huevos.
3. Espolvoree el parmesano por encima. Baje el fuego y cocine hasta que las claras estén casi cuajadas.

4. Espolvoree la mozzarella por encima. Coloque las rodajas de pepperoni sobre la capa de mozzarella. Espolvoree el condimento italiano.

5. Cocine hasta que las claras estén completamente cocidas.

Barras de granola con chispas de chocolate y arándanos

Porciones: 8

Ingredientes:

- ½ taza de almendras laminadas
- ½ taza de coco laminado
- ¼ de taza de mitades de nueces
- 3 cucharadas de arándanos secos picados sin azúcar
- ¼ de taza de semillas de girasol
- 3 cucharadas de chips de chocolate sin azúcar
- ¼ de taza de mantequilla
- ¼ de taza de edulcorante swerve en polvo
- 1 cucharadita de jarabe de yacón o ½ cucharada de jarabe de fibra Sukrin Gold
- ¼ de cucharadita de extracto de vainilla

Instrucciones:

1. Coloque una hoja de papel pergamino en el fondo de un molde cuadrado pequeño (6 x 6 pulgadas) para hornear, de manera que parte del papel cuelgue de los lados del plato.
2. Ponga el coco en copos, las nueces, las almendras y las semillas de girasol en el bol del procesador de alimentos. Procese hasta que se desmenuce.

3. Retire la mezcla a un bol para mezcle. Añada las chispas de chocolate, los arándanos y la sal y remueva hasta que esté bien combinado.

4. Ponga un cazo a fuego lento. Añada la mantequilla y el jarabe de yacón y deje que se derrita.

5. Añada el swerve en polvo y bata bien. Añada el extracto de vainilla y remueva. Vierta la mezcla en el bol. Mezcle bien.

6. Transfiera la mezcla al molde preparado. Presione bien sobre el fondo del molde, utilizando un vaso o taza plana.

7. Hornee en un horno precalentado a 300º F durante unos 20 a 30 minutos hasta que se doren los bordes.

8. Deje que se enfríe por completo en la encimera.

9. Corte en 8 porciones iguales y sirva.

Croquetas de coliflor

Porciones: 8

Ingredientes:

- 2 libras de coliflor rallada
- 1 cebolla amarilla rallada
- 6 huevos
- Sal y pimienta al gusto
- 8 onzas de mantequilla, para freír

Instrucciones:

1. Añada la coliflor, la cebolla, la pimienta, la sal y los huevos en un bol y mezcle bien.
2. Ponga una sartén grande a fuego medio. Añada un poco de mantequilla. Sea un poco liberal al añadir la mantequilla. Deje que se derrita.
3. Coloque un montículo de la mezcla de coliflor en la sartén (1/8 de la mezcla). Presione con una espátula hasta que tenga un diámetro de unos 3 a 4 centímetros. Haga 2 - 3 croquetas o tantas como puedan caber en la sartén.
4. Cocine hasta que la parte inferior esté dorada. De y cocine el otro lado hasta que se dore.
5. Retire las patatas fritas con una espumadera y cólóquelas en un plato forrado con papel de cocina. Del mismo modo, haga el resto de las papas fritas. Sirva caliente.

Queso al horno

Porciones 2

Ingredientes:

- 4 onzas de queso feta, cortadas en 2 rodajas gruesas
- Escamas de chile rojo al gusto
- 2 cucharadas de cebolla cortada en rodajas finas
- 1 cucharada de aceite de oliva
- 1/8 de pimiento (rojo), cortado en rodajas finas
- Sal de hierbas al gusto

Instrucciones:

1. Coja 2 bandejas pequeñas para hornear y coloque una loncha de queso en cada una. Esparza las cebollas y el pimiento sobre el queso.
2. Espolvoree copos de chile rojo y sal de hierbas. Rocíe el aceite por encima.
3. Hornee en un horno precalentado a 400º F durante unos 20 minutos hasta que las verduras estén ligeramente doradas y cocidas.

Batido de desayuno de mantequilla de almendras y canela

Porciones: 2

Ingredientes:

- 3 tazas de leche de frutos secos de su elección, sin endulzar
- 4 cucharadas de mantequilla de almendras
- 1 cucharadita de canela molida
- ¼ de cucharadita de extracto de almendra
- Cubitos de hielo, según sea necesario
- 2 cucharadas de péptidos de colágeno
- 4 cucharadas de harina de lino dorada
- 30 gotas de stevia
- ¼ de cucharadita de sal

Instrucciones:

1. Ponga todos los ingredientes en una batidora.
2. Triture durante 30 - 40 segundos o hasta que esté suave.
3. Añada el colágeno y pulse durante 4 - 5 segundos hasta que se combine.
4. Vierta en 2 vasos y sirva.

Recetas para el almuerzo

Ensalada de queso de cabra con mantequilla balsámica

Porciones: 4

Ingredientes:

- 20 onzas de queso de cabra
- 4 onzas de mantequilla
- 6 onzas de espinacas tiernas
- ½ taza de semillas de calabaza
- 2 cucharadas de vinagre balsámico

Instrucciones:

1. Coloque las rodajas de queso de cabra en una fuente de horno engrasada con spray de cocina.
2. Hornee en un horno precalentado a 400° F durante 10 minutos.
3. Ponga una sartén con semillas de calabaza a fuego medio- alto.
4. Siga removiendo hasta que estén ligeramente doradas y las semillas estallen.
5. Reduzca el fuego a bajo.
6. Incorpore la mantequilla y cocine hasta que las semillas de calabaza estén doradas.Incorpore el vinagre y cocine a fuego lento durante 2 o 3 minutos.
7. Retire del fuego.

8. Reparta las espinacas en 4 platos. Reparta el queso en los platos.
9. Rocíe la mantequilla balsámica por encima y sirva.

Sopa de carne de vaca

Porciones: 4

Ingredientes:

- ½ libra de carne molida
- 2 tazas de caldo de hueso de res o de pollo
- 6 cucharadas de aderezo ranchero ceto
- 1 ½ cucharadas de condimento para tacos, dividido
- 1 lata (14.5 onzas) de tomates cortados en cubos con su líquido
- Para adornar: Opcional
- Un puñado de cilantro fresco, picado
- Queso cheddar rallado

Instrucciones:

1. Coloque una olla para sopa con la carne a fuego medio-alto. Cocinar hasta que ya no esté rosada.
2. Deseche la grasa liberada si es necesario.
3. Agregue una cucharada de condimento para tacos y la mitad del caldo. Cocine hasta que la mezcla esté casi seca.
4. Incorpore el resto del caldo. Añadir los tomates y ½ cucharada de condimento para tacos y mezclar bien.
5. Deje que se cocine durante 4 - 5 minutos. Revuelva con frecuencia.

6. Apague el fuego. Deje que repose un par de minutos. Agregue el aderezo ranchero y revuelva.

7. Divida en tazones de sopa. Espolvoree el queso cheddar y el cilantro por encima y sirva.

Pizza blanca con champiñones y pesto

Porciones: 4

Ingredientes:

Para la corteza:

- 4 huevos
- 1 ½ tazas de harina de almendra
- 2 cucharaditas de polvo de hornear
- 1 taza de mayonesa
- 2 cucharadas de polvo de cáscara de psyllium molido
- 1 cucharadita de sal

Para la cobertura:

- 4 onzas de champiñones, cortados en rodajas
- 4 cucharadas de aceite de oliva
- 6 onzas de queso rallado
- 2 cucharadas de pesto verde
- Sal al gusto
- 1 taza de crema agria o crème fraiche
- Pimienta al gusto

Instrucciones:

1. Para hacer la corteza: Añada los huevos y la mayonesa en un bol y bata bien. Añada el resto de los ingredientes de la corteza y mezcle bien.
2. Deje reposar la masa durante 5 minutos.
3. Coloque una hoja de papel pergamino en una bandeja para hornear. Coloque la masa sobre ella.
4. Engrase un rodillo con un poco de aceite y extienda la masa en un círculo de aproximadamente ½ pulgada de espesor.
5. Hornee en un horno precalentado a 350º F durante unos 10 - 15 minutos o hasta que esté ligeramente dorado.
6. Deje que la corteza se enfríe durante 10 minutos.
7. Invierta la corteza en una rejilla para enfriar y retire el papel pergamino.
8. Añada las champiñones, el pesto y el aceite de oliva en un bol y mezcle bien. Añada sal y pimienta al gusto y vuelva a mezclar.
9. Vierta la crema agria sobre la corteza y extiéndala uniformemente. Espolvoree el queso sobre la corteza. Extienda la mezcla de champiñones sobre la capa de queso.
10. Hornee durante 8 - 10 minutos o hasta que el queso se derrita.
11. Corte en 4 cuñas iguales y sirva con una ensalada de su elección si lo desea.

Aguacate relleno de atún

Porciones: 2

Ingredientes:

- 2 latas (5 onzas cada una) de atún envasado, escurrido
- ½ cucharadita de eneldo seco
- 2 aguacates medianos, partidos por la mitad y sin hueso
- 4 cucharadas de mayonesa ceto o yogur griego
- Sal y pimienta al gusto

Instrucciones:

1. Añada el atún, el eneldo, la sal, la pimienta y la mayonesa en un bol y remueva.
2. Rellene con esta mezcla las mitades de aguacate y sirva.

Pimientos rellenos de lasaña

Porciones: 2

Ingredientes:

- 1 pimiento dulce grande, cortado por la mitad y sin pepitas
- 6 onzas de pavo molido
- ½ taza de queso mozzarella rallado
- ½ cucharadita de sal de ajo, dividida
- 6 cucharadas de queso ricotta desmenuzado

Instrucciones:

1. Sazone los pimientos con ¼ de cucharadita de sal de ajo. Colóquelos en una fuente de horno.
2. Divida el pavo en partes iguales y rellénelo dentro de las mitades del pimiento. Apriételo bien.
3. Hornee en un horno precalentado a 400° F durante unos 30 minutos.
4. Divida el requesón y extiéndalo sobre el pavo. Condimentar con el resto de la sal de ajo.
5. Espolvoree 2 cucharadas de queso mozzarella sobre cada mitad de pimiento.
6. Hornee durante 30 minutos o hasta que la parte superior esté dorada.

Ensalada de pollo al eneldo

Porciones 4

Ingredientes:

- ½ libra de pechuga de pollo, cocida, cortada en cubos
- 3 cucharadas de cebollas finamente picadas
- ¾ de cucharada de mostaza de Dijon
- Sal y pimienta al gusto
- ¼ de taza de apio picado
- 6 cucharadas de mayonesa ceto
- 1 ½ cucharadas de eneldo fresco picado o 1 cucharadita de eneldo seco
- Hojas de lechuga para servir

Instrucciones:

1. Añada todos los ingredientes en un bol y remueva.
2. Coloque las hojas de lechuga en una fuente de servir. Reparta la ensalada entre las hojas de lechuga y sirva.

Fideos Alfredo con tocino

Porciones: 2

Ingredientes:

- 4 onzas de tocino picado
- 1 diente de ajo picado
- ¾ de taza de nata líquida
- ½ libra de calabacines, recortados
- Sal y pimienta recién molida al gusto
- ½ chalote, picado
- 2 cucharadas de vino blanco
- ¼ de taza de queso parmesano rallado + extra para decorar

Instrucciones:

1. Cocine el tocino en una sartén, a fuego medio, hasta que esté crujiente. Retire con una espumadera y coloque en capas de papel absorbente.
2. Conserve una cucharada de tocino y deseche el resto.
3. Añada la chalota a la sartén y cocine durante un par de minutos.
4. Introduzca el ajo no deje de remover y cocinar durante unos segundos, hasta que esté aromático. Vierta el vino y cocine a fuego lento hasta la mitad de su cantidad original.
5. Mientras tanto, haga fideos con el calabacín utilizando un espiralizador o un pelador en juliana.

6. Vierta la nata y cocine a fuego lento. Añada el parmesano y cocine a fuego lento hasta que esté ligeramente espeso.

7. Incorpore los fideos de calabacín. Caliente bien. Añada el tocino y remueva. Sirva caliente.

Arroz de coliflor con ajo y asiago

Porciones: 3

Ingredientes:

- 1 cabeza pequeña de coliflor, rallada hasta obtener una textura similar a la del arroz (unas 4 tazas después de rallarla)
- ½ cucharada de aceite de oliva virgen extra
- ¼ de taza de queso Asiago finamente rallado
- 1 cucharada de mantequilla sin sal
- 1 cucharadita de condimento de hierbas de ajo

Instrucciones:

1. Ponga una sartén pesada a fuego medio-alto. Añada el aceite y la mantequilla. Cuando la mantequilla se derrita, añada la mezcla de condimentos y la coliflor y mezcle bien.
2. Remueva de vez en cuando y cocine hasta que la coliflor esté tierna pero no blanda.
3. Incorpore el queso y sirva.

Salteado de pollo con tocino

Porciones: 4

Ingredientes:

- 2 pechugas de pollo, cortadas en cubos pequeños
- 2 cucharadas de ajo en polvo
- Sal al gusto
- 8 rebanadas de tocino, cortadas en cubos
- 4 cucharadas de condimento italiano
- 2 cucharadas de aceite de aguacate

Instrucciones:

1. Ponga una sartén con aceite a fuego medio. Cuando el aceite esté caliente, añada el pollo y el tocino y remueva.
2. Una vez que el pollo y el tocino estén bien cocidos, agregue el ajo en polvo, la sal y el condimento italiano y mezcle bien.
3. Sirva caliente.

Ensalada de fideos de calabacín al pesto con pollo

Porciones: 2

Ingredientes:

- ½ libra de pechugas de pollo cocidas y desmenuzadas
- 2,5 onzas de tomates cherry, cortados por la mitad
- 1 calabacín mediano, recortado
- 4 onzas de pesto verde sin azúcar
- 2 onzas de queso feta desmenuzado
- ½ cucharada de aceite de oliva, para rociar por encima

Instrucciones:

1. Haga fideos con el calabacín utilizando un espiralizador.
2. Añada los fideos de calabacín y el pesto en un bol. Mezcle hasta que el calabacín esté bien cubierto con el pesto.
3. Añada los tomates, el pollo y el queso feta y mezcle ligeramente.
4. Rocíe el aceite de oliva por encima y sirva.

Taquitos de pollo a la búfala

Porciones: 4

Ingredientes:

- 12 rebanadas de queso mozzarella
- 4 cucharadas de salsa búfalo para servir
- 3 tazas de pollo cocido o asado y desmenuzado
- Aderezo ranchero ceto (opcional)

Instrucciones:

1. Coloque un tapete de silicona para hornear en una bandeja. Coloque las lonjas de queso sobre el tapete.
2. Hornee en un horno precalentado a 350° F durante unos 8 minutos o hasta que los bordes del exterior estén crujientes y dorados.
3. Saque la bandeja del horno y deje enfriar un par de minutos.
4. Unte con pollo uno de los bordes de la lonja de queso. Enrolle las lonjas de queso junto con el relleno y colóquelas en una fuente de servir, con el lado de la unión hacia abajo.
5. Sirva con aderezo ranchero y salsa búfalo.

Recetas para la cena
Hamburguesas sin pan

Porciones: 6

Ingredientes:

<u>Para las hamburguesas:</u>

- 2 libras de carne molida
- 2 cucharadas de condimento para filetes Mc Cromicks Montreal
- 2 cucharadas de salsa Worcestershire
- Sal y pimienta al gusto
- Aceite, para engrasar, según sea necesario

<u>Para las cebollas caramelizadas: Opcional</u>

- 8 onzas de cebollas en rodajas
- 4 cucharadas de tocino o aceite de oliva
- 1 cucharadita de eritritol

Instrucciones:

1. Para hacer las hamburguesas: Añada la carne de vacuno, el condimento para filetes y la salsa Worcestershire en un bol y mézclelo bien, rompiendo la carne simultáneamente mientras la mezcla.

2. Divida la mezcla en 6 porciones iguales y forme hamburguesas. Haga una hendidura en el centro de cada hamburguesa.

3. Precaliente la parrilla. Engrase la rejilla de la parrilla con una brocha de aceite.

4. Salpimente las hamburguesas y colóquelas en la parrilla caliente. Ase las hamburguesas como prefiera que estén cocinadas. Dele la vuelta a las hamburguesas un par de veces mientras se asan.

5. Para hacer las cebollas caramelizadas: Ponga una sartén antiadherente con aceite a fuego medio-bajo. Añada las cebollas y remueva. Cocine hasta que estén translúcidas.

6. Añada el eritritol y remueva. Cocine hasta que se dore, removiendo de vez en cuando.

7. Divida en partes iguales las cebollas y repártalas sobre las hamburguesas.

Pastel de carne con queso

Porciones 12

Ingredientes:

- 2,2 libras de carne picada
- Sal y pimienta al gusto
- 4 porciones de mozzarella de búfala
- 2 cucharadas de mejorana seca
- 4 huevos
- 4 puerros

Instrucciones:

1. Pique la parte blanca de los puerros en trozos más pequeños. Separe las hojas verdes de los puerros. Es posible que tenga que utilizar más hojas.
2. Ponga una olla con agua a fuego alto y lleve a ebullición. Apague el fuego.
3. Eche las hojas de puerro en la olla. Deje que las hojas permanezcan en la olla durante 3 o 4 minutos.
4. Escurra el agua y sumerja en agua fría durante un minuto. Escurra y reserve.
5. Añada la carne, las claras de puerro, la mejorana, los huevos, la pimienta y la sal en un bol y mezcle bien.

6. Coja un molde de pan grande (use 2 más pequeños si no tiene uno grande) y cubra el fondo del molde con las hojas de puerro de forma que las hojas queden también en los lados del molde.

7. Coloque la mitad de la mezcla de carne en el fondo y en los lados del molde. Presione bien para que se adhiera.

8. Coloque el queso mozzarella en el molde para pan. Cubra el queso con la mezcla de carne restante.

9. Coloque también las hojas de puerro encima de la carne. La carne debe quedar bien cubierta por las hojas de puerro. Cubra el molde para pan con papel de aluminio.

10. Hornee en un horno precalentado a 350° F durante unos 50 minutos. Destape y hornee durante 10 minutos.

11. Deje enfriar durante 30 - 40 minutos antes de cortar y servir.

Wraps de hamburguesa con queso y tocino

Porciones: 2 (3 wraps cada uno)

Ingredientes: 3,5 onzas de tocino

- ¾ de libra de carne picada
- 6 hojas de lechuga iceberg
- 2 onzas de queso cheddar rallado
- 2 onzas de champiñones, cortados en rodajas
- Sal y pimienta al gusto

Instrucciones:

1. Coloque una sartén con el tocino a fuego medio. Cocine hasta que esté crujiente.
2. Retire el tocino con una espumadera y colóquelo en un plato forrado con toallas de papel. No deseche la grasa de la sartén.
3. Cuando el tocino esté lo suficientemente frío como para manejarlo, desmenúcelo o córtelo en trozos más pequeños.
4. Añada los champiñones en la misma sartén y cocínelos hasta que se doren. Retire los champiñones de la sartén y colóquelas con el tocino.
5. Añada la carne en la misma sartén. Salpimente y mezcle bien. Cocine hasta que la carne esté cocida. Rómpala simultáneamente mientras se cocina. Apague el fuego.
6. Coloque las hojas de lechuga en una fuente de servir. Divida la carne entre las hojas de lechuga.

7. Divida a partes iguales el tocino y los champiñones, y esparza sobre la carne. Esparza el queso cheddar por encima. Envuelva las hojas de lechuga sobre el relleno y colóquelas con la unión hacia abajo.

8. Sirve.

Cazuela fácil de pollo mexicano con chipotle

Porciones: 4

Ingredientes:

- 1 ½ tazas de pollo cocido y desmenuzado
- 8 onzas de salsa
- Pimienta chipotle molida al gusto
- 4 onzas de queso crema, ablandado
- 4 onzas de queso cheddar rallado

Instrucciones:

1. Reserve la mitad del queso cheddar y añada el resto de los ingredientes en una fuente de horno engrasada. Mezcle bien.
2. Espolvoree el resto del queso por encima. Adorne con un poco más de chile chipotle.
3. Hornee en un horno precalentado a 400° F durante unos 20 minutos. Hasta que el queso se derrita y esté burbujeante.

Pollo al horno con salsa de vodka

Porciones: 3

Ingredientes:

- 1 libra de pechuga de pollo, cocida, cortada en trozos del tamaño de un bocado
- ¼ de taza de queso parmesano rallado
- ¾ de taza de salsa de vodka ceto
- Espinacas pequeñas para servir, según se desee (opcional)
- 8 onzas de queso mozzarella fresco

Instrucciones:

1. Engrase una fuente de horno con un poco de aceite. Extienda el pollo en la fuente.
2. Rocíe la salsa de vodka sobre el pollo. Esparza el queso parmesano y la mozzarella por encima.
3. Hornee en un horno precalentado a 400° F durante unos 20 a 30 minutos o hasta que la mezcla se caliente bien y esté burbujeante.
4. Sirva sobre espinacas tiernas si se desea.

Pechuga de pollo envuelta en tocino

Porciones: 3

Ingredientes:

- 3 pechugas de pollo, cortadas por la mitad a lo ancho y en trozos finos
- ¼ de libra de tocino, cortado por la mitad
- Salsa barbacoa sin azúcar para servir
- 1 cucharada de aliño
- 2 onzas de queso cheddar rallado

Instrucciones:

1. Engrase una bandeja de horno con borde con un poco de spray para cocinar. Espolvoree los condimentos sobre el pollo y frótelos bien.
2. Coloque el pollo en la fuente de horno. Coloque un trozo de tocino en cada una de las rebanadas de pollo.
3. Coloque la bandeja de hornee en la rejilla superior del horno.
4. Hornee en un horno precalentado a 400° F durante unos 20 a 30 minutos o hasta que el tocino esté crujiente.
5. Esparza el queso por encima del tocino y continúe horneando durante otros 10 minutos o hasta que el queso burbujee y se dore en algunos puntos.
6. Sirva con salsa BBQ.

Huevos al horno

Porciones 2

Ingredientes:

- 6 onzas de carne picada (cordero o ternera o cerdo)
- 4 onzas de queso rallado
- 4 huevos
- Sal y pimienta al gusto

Instrucciones:

1. Añada la carne picada, la sal y la pimienta en una fuente de horno y mezcle bien. Extienda la carne de manera uniforme.
2. Haga 4 pozos en la mezcla. Ponga un huevo en cada hueco. Espolvoree sal y pimienta sobre los huevos.
3. Esparza el queso por encima.
4. Hornee en un horno precalentado a 400° F durante unos 15 minutos o hasta que los huevos estén cocidos.

Pastel de calabacín y champiñones

Porciones: 2

Ingredientes:

- 1 ½ tazas de champiñones frescos cortados en rodajas
- 1 ½ tazas de calabacín en rodajas
- ½ cebolla, cortada en rodajas
- Sal al gusto
- ¼ de cucharadita de albahaca seca
- ¼ de taza de queso cheddar rallado

Instrucciones:

1. Añada todos los ingredientes, excepto el queso, en una fuente de horno engrasada. Mezcle bien.
2. Extiéndalo uniformemente. Cubra el plato con papel de aluminio.
3. Hornee en un horno precalentado a 350° F durante unos 30 minutos o hasta que las verduras estén cocidas.
4. Esparza el queso por encima y hornee sin tapar, hasta que el queso se derrita y esté burbujeante.

Halloumi con berenjenas fritas con mantequilla

Porciones: 4

Ingredientes:

- 2 berenjenas, cortadas por la mitad a lo largo, en rodajas de ½ pulgada de grosor
- 20 onzas de queso halloumi
- Sal y pimienta al gusto
- 6 onzas de mantequilla
- 20 aceitunas negras
- 1 taza de mayonesa ceto

Instrucciones:

1. Ponga una sartén grande a fuego medio-alto. Añada la mantequilla. Deje que la mantequilla se derrita.
2. Coloque el queso en un extremo de la sartén y las rodajas de berenjena en el otro. Cocine las berenjenas y el queso. Gire el queso y las berenjenas cuando la parte inferior esté dorada. Cocine el otro lado hasta que se dore.
3. Sirva el queso y la berenjena con aceitunas.

Espaguetis al horno dos veces

Porciones: 4

Ingredientes:

- 2 calabazas medianas, cortadas por la mitad a lo largo y sin pepitas
- 2 tazas de queso mozzarella rallado
- Hojas de ajo fresco picado u hojas de albahaca, para decorar (opcional)
- 2 tazas de salsa de pasta ceto
- Sal y pimienta al gusto

Instrucciones:

1. Coloque los espaguetis en una bandeja de horno, con el lado cortado hacia abajo.
2. Hornee en un horno precalentado a 375° F durante unos 45 minutos o hasta que los espaguetis estén cocidos.
3. Cuando la calabaza esté lo suficientemente fría como para manipularla, desmenúcela con un par de tenedores. Conserve las cáscaras de la calabaza.
4. Añada la calabaza rallada en un bol. Añada la salsa para pasta y mezcle bien. Rellene las conchas de calabaza con la mezcla. Colóquelas en la bandeja de hornear.
5. Cubra con queso mozzarella.

6. Vuelva a introducir al horno y hornee hasta que el queso se derrita y esté burbujeante.

7. Sirva junto con las conchas.

Tacos de carne de vaca

Porciones 2

Ingredientes:

- ½ libra de carne picada
- ½ lata de tomates Rotel con chiles verdes
- Condimento para tacos al gusto
- Para servir:
- Hojas de lechuga o tortillas ceto.

Instrucciones:

1. Ponga una sartén a fuego medio. Añada la carne de vacuno y cocínela hasta que deje de estar rosada.
2. Añada los tomates y el condimento para tacos y mezcle bien.
3. Tape y cocine hasta que la carne esté bien cocida. Remueva a menudo. Sirva sobre hojas de lechuga o tortillas

Conclusión

Gracias por comprar el libro.

Si quiere seguir la dieta cetogénica y no sabe por dónde empezar, ha llegado al lugar adecuado. Este libro contiene toda la información que necesita sobre la dieta cetogénica. También encontrará algunos consejos que puede utilizar para que le resulte más fácil seguir esta dieta.

Es difícil para las personas seguir esta corriente, ya que hay muchos grupos de alimentos que deben evitar. Este libro le da algunos consejos para ayudarle a introducirse en esta dieta y también le deja algunas estrategias para ayudarle a seguirla. Dado que la dieta cetogénica es difícil de seguir para las mujeres, el libro también arroja algo de luz sobre el porqué de esta situación y algunos consejos para ayudarle a superar estas dificultades. El libro también proporciona información sobre cómo debe introducirse en la dieta y qué debe hacer para seguirla.

Espero que la información del libro le resulte útil y le deseo suerte en su viaje.

Recursos

https://www.ketodietyum.com/keto-diet-plan/

https://medium.com/wolff-experiments/3-months-of-keto-9aaa37e5950c

https://perfectketo.com/keto-for-women/

https://www.healthline.com/nutrition/7-tips-to-get-intoketosis#section7

https://www.healthline.com/nutrition/10-benefits-of-low-carbketogenic-diets#section10

https://www.everydayhealth.com/diet-nutrition/ketogenicdiet/steps-beginners-should-take-before-trying-keto-diet/

https://medium.com/@JPMcCarter/the-top-12-keto-mythsdebunked-after-150-000-days-of-patient-care-9502383d4e8c

https://www.healthline.com/nutrition/9-myths-about-low-carbdiets#section10151

https://www.eatright.org/health/weight-loss/fad-diets/what-istheketogenic-diet

https://www.muscleandfitness.com/nutrition/gainmass/science-behind-ketogenic-diet/

https://ketofatfurnace.com/10-ways-to-stay-motivated-on-theketo-diet/

https://www.everydayhealth.com/ketogenic-diet/diet/keto-dietmyths-you-shouldnt-believe/

https://ninateicholz.com/ketogenic-diet-myths-vs-facts/